Tirukkuṟaḷ

திருக்குறள்

Tuilleadh leabhar Gaeilge le fáil ó Evertype

An Dhammapada: Nathanna an Bhúda
(Aistr. Scott Oser 2019)

An Fáidh
(Kahlil Gibran, aistr. Gabriel Rosenstock 2021)

Gítá Ashtávakra: Aṣṭāvakra Gītā
(Aṣṭāvakra, aistr. Gabriel Rosenstock 2019)

Tirukkural: திருக்குறள்
(Tiruvaḷḷuvar, aistr. Gabriel Rosenstock 2023)

Tirukkuṟaḷ

திருக்குறள்

Eagrán dátheangach i dTamailis agus i nGaeilge

Natháin a chum
Tiruvaḷḷuvar

Gabriel Rosenstock
a chuir Gaeilge air

evertype
2023

Arna fhoilsiú ag Evertype, 19A Corso Street, Dundee, DD2 1DR, Alba / Scotland. www.evertype.com.

Téacs Gaeilge © 2023 Gabriel Rosenstock.
An t-eagrán seo © 2023 Michael Everson.

Gach ceart ar cosaint. Ní ceadmhach aon chuid den fhoilseachán seo a atáirgeadh, a chur i gcomhad athfhála nó a tharchur ar aon mhodh nó slí, bíodh sin leictreonach, meicniúil, bunaithe ar fhótachóipeáil, ar thaifeadadh nó eile, gan cead a fháil roimh ré ón bhfoilsitheoir.

Tá taifead catalóige don leabhar seo le fáil ó Leabharlann na Breataine.
A catalogue record for this book is available from the British Library.

ISBN-10 1-78201-313-X
ISBN-13 978-1-78201-313-6

Dearadh agus clóchur: Michael Everson.
Baskerville, New Pelican, TAU Elango Arunthathi, & TAU Elango Cholaa na clónna.

Clúdach: Michael Everson. "Mandala retro background" © Annagarmatiy, www.dreamstime.com/annagarmatiy_info.

Tirukkuṟaḷ

திருக்குறள்

பொருளடக்கம்

அறிமுக உரை xiv
Preface xviii

பால் 1
அறத்துப்பால் (1–38) 2
1.1 பாயிரவியல் (1–4) 2
    1   கடவுள் வாழ்த்து 2
    2   வான் சிறப்பு 6
    3   நீத்தார் பெருமை 8
    4   அறன் வலியுறுத்தல் 10
1.2 இல்லறவியல் (5–24) 12
    5   இல்வாழ்க்கை 13
    6   வாழ்க்கைத் துணைநலம் 14
    7   மக்கட்பேறு 16
    8   அன்புடைமை 18
    9   விருந்தோம்பல் 20
   10   இனியவை கூறல் 22
   11   செய்ந்நன்றி அறிதல் 24
   12   நடுவு நிலைமை 26
   13   அடக்கமுடைமை 28
   14   ஒழுக்கமுடைமை 30
   15   பிறனில் விழையாமை 32
   16   பொறையுடைமை 34
   17   அழுக்காறாமை 36
   18   வெஃகாமை 38
   19   புறங்கூறாமை 40
   20   பயனில சொல்லாமை 42
   21   தீவினையச்சம் 44
   22   ஒப்புரவறிதல் 46
   23   ஈகை 48
   24   புகழ் 50

Clár an ábhair

Réamhrá xv
Preface xviii

Leabhar 1
Suáilce (*A*ṟ*am*, 1–38) 3
1.1 Réamhrá (1–4) 3
    1   Moladh Dé 3
    2   Glóir na báistí 7
    3   Glóir don fhéindiúltóir 9
    4   Éifeacht na fíréantachta 11
1.2 Suáilce bhaile (5–24) 13
    5   Saol an teaghlaigh. 13
    6   Dea-pháirtí saoil 15
    7   Is logha dúinn páistí 17
    8   Grá a bheith agat 19
    9   Féile. 21
   10   Labhairt go binn 23
   11   Buíochas 25
   12   Neodracht. 27
   13   Guaim. 29
   14   Gnaíúlacht 31
   15   Gan céile duine eile a shantú 33
   16   Foighne. 35
   17   Gan formad a bheith ort. 37
   18   Gan maoin daoine eile a shantú 39
   19   Seachain an chúlchaint. 41
   20   Caint bhaoth a sheachaint 43
   21   Eagla roimh dhrochghníomhartha. 45
   22   Eolas faoi d'áit sa saol seo 47
   23   Carthanacht 49
   24   Clú agus cáil 51

1.3	துறவறவியல் (25–37)		52
	25	அருளுடைமை	52
	26	புலால் மறுத்தல்	54
	27	தவம்	56
	28	கூடா ஒழுக்கம்	58
	29	கள்ளாமை	60
	30	வாய்மை	62
	31	வெகுளாமை	64
	32	இன்னா செய்யாமை	66
	33	கொல்லாமை	68
	34	நிலையாமை	70
	35	துறவு	72
	36	மெய்யுணர்தல்	74
	37	அவா அறுத்தல்	76
1.4	ஊழியல் (38)		78
	38	ஊழ்	78

பால் 2

பொருட்பால் (39–108)			80
2.1	அரசியல் (39–63)		80
	39	இறைமாட்சி	80
	40	கல்வி	84
	41	கல்லாமை	86
	42	கேள்வி	88
	43	அறிவுடைமை	90
	44	குற்றங்கடிதல்	92
	45	பெரியாரைத் துணைக்கோடல்	94
	46	சிற்றினம் சேராமை	96
	47	தெரிந்து செயல்வகை	98
	48	வலியறிதல்	100
	49	காலம் அறிதல்	102
	50	இடன் அறிதல்	104
	51	தெரிந்து தெளிதல்	106
	52	தெரிந்து வினையாடல்	108
	53	சுற்றந் தழால்	110
	54	பொச்சாவாமை	112
	55	செங்கோன்மை	114
	56	கொடுங்கோன்மை	116
	57	வெருவந்த செய்யாமை	118
	58	கண்ணோட்டம்	120
	59	ஒற்றாடல்	122

1.3 Suáilce dhiantréanach (25–37) 53
    25   Atrua 53
    26   Diúltú don fheoil 55
    27   Saol gan só 57
    28   Mí-ionracas 59
    29   Smaointe calaoiseacha a sheachaint 61
    30   Fírinneacht 63
    31   Fearg a sheachaint 65
    32   Gníomhartha dochracha a sheachaint 67
    33   Gan aon neach beo a mharú 69
    34   Neamhbhuaine 71
    35   Staonadh 73
    36   An fhírinne a thuiscint 75
    37   Éirí as mianta 77
1.4 Cinniúint (38) 79
    38   Cinniúint 79

Leabhar 2
Maoin (*Poruḷ*, 39–108) 81
2.1 Ríochas (39–63) 81
    39   Cáilíochtaí an cheannaire 81
    40   Léann 85
    41   Aineolas 87
    42   Éisteacht 89
    43   Gaois 91
    44   Lochtanna a cheartú 93
    45   Comhluadar daoine dea-thréitheacha a lorg 95
    46   Comhluadar gligíní a sheachaint 97
    47   Féach an abhainn sula dtéir ina cuilithe 99
    48   Do chumas a thuiscint 101
    49   An t-uainiú a bheith i gceart 103
    50   An áit cheart 105
    51   Duine a mheas sula nglactar leis 107
    52   Tascanna a mheas is a dháileadh ar dhaoine 109
    53   Aithníonn an fhuil a chéile 111
    54   Seachain bogás, faillí agus neamhshuim 113
    55   Cothrom na Féinne 115
    56   Tíorántacht agus éagóir 117
    57   Gníomhartha scanrúla a sheachaint 119
    58   Atrua 121
    59   Cúrsaí faisnéise is bleachtaireachta 123

	60	ஊக்கம் உடைமை	124
	61	மடி இன்மை	126
	62	ஆள்வினை உடைமை	128
	63	இடுக்கண் அழியாமை	130
2.2	அமைச்சியல் (64–73)		132
	64	அமைச்சு	132
	65	சொல்வன்மை	134
	66	வினைத்தூய்மை	136
	67	வினைத்திட்பம்	138
	68	வினைசெயல்வகை	140
	69	தூது	142
	70	மன்னரைச் சேர்ந்தொழுதல்	144
	71	குறிப்பறிதல்	146
	72	அவை அறிதல்	148
	73	அவை அஞ்சாமை	150
2.3	அங்கவியல் (74–95)		152
	74	நாடு	152
	75	அரண்	154
	76	பொருள் செயல்வகை	156
	77	படைமாட்சி	158
	78	படைச் செருக்கு	160
	79	நட்பு	162
	80	நட்பாராய்தல்	164
	81	பழைமை	166
	82	தீ நட்பு	168
	83	கூடா நட்பு	170
	84	பேதைமை	172
	85	புல்லறிவாண்மை	174
	86	இகல்	176
	87	பகை மாட்சி	178
	88	பகைத்திறம் தெரிதல்	180
	89	உட்பகை	182
	90	பெரியாரைப் பிழையாமை	184
	91	பெண்வழிச் சேறல்	186
	92	வரைவின் மகளிர்	188
	93	கள்ளுண்ணாமை	190
	94	சூது	192
	95	மருந்து	194
2.4	ஒழிபியல் (96–108)		196
	96	குடிமை	196
	97	மானம்	198

	60	Fuinneamh 125
	61	Gan a bheith leisciúil 127
	62	Buanseasmhacht 129
	63	Dóchas in am an ghátair....................... 131
2.2	Airí stáit (64–73)................................... 133	
	64	An aireacht 133
	65	Brí na mbriathra 135
	66	Roghnaigh an tslí is fearr 137
	67	Gus i ngníomh 139
	68	Cur chuige 141
	69	An toscaire 143
	70	I láthair an rí................................. 145
	71	Is leor nod don eolach.......................... 147
	72	Bheith eolach ar an seomra comhairle............ 149
	73	Neamheagla sa seomra comhairle 151
2.3	Bunriachtanais an stáit (74–95) 153	
	74	An tír.. 153
	75	Daingean..................................... 155
	76	Slite chun cur le maoin......................... 157
	77	Cumhacht na bhfórsaí armtha 159
	78	Mórtas airm 161
	79	Cairdeas 163
	80	Duine a mheas roimh duit cairdeas a dhéanamh leis..... 165
	81	Comhbhá 167
	82	Droch-chairdeas 169
	83	Cairdeas nach bhfuil bonn faoi................... 171
	84	Baois.. 173
	85	Aineolas...................................... 175
	86	Clampar 177
	87	Cumhacht an naimhdis 179
	88	Nádúr an naimhdis a thuiscint................... 181
	89	An namhaid laistigh 183
	90	Gan caitheamh anuas ar dhaoine cumasacha 185
	91	Sodar i ndiaidh na mban céile 187
	92	An bhean luí 189
	93	Seachain an ragairne 191
	94	Cearrbhachas 193
	95	Leigheas 195
2.4	Ilghnéitheach (96–108) 197	
	96	Uaisleacht 197
	97	Dínit 199

98	பெருமை	200
99	சான்றாண்மை	202
100	பண்புடைமை	204
101	நன்றியில் செல்வம்	206
102	நாணுடைமை	208
103	குடிசெயல் வகை	210
104	உழவு	212
105	நல்குரவு	214
106	இரவு	216
107	இரவச்சம்	218
108	கயமை	220

பால் 3

காமத்துப்பால் (109–133).................................... 222
3.1 களவியல் (109–115)....................................... 222

109	தகையணங்குறுத்தல்	222
110	குறிப்பறிதல்	226
111	புணர்ச்சி மகிழ்தல்	230
112	நலம் புனைந்துரைத்தல்	232
113	காதற் சிறப்புரைத்தல்	236
114	நாணுத் துறவுரைத்தல்	240
115	அலர் அவுறுத்தல்	244

3.2 கற்பியல் (116–133)....................................... 246

116	பிரிவாற்றாமை	246
117	படர்மெலிந் திரங்கல்	248
118	கண்விதுப்பழிதல்	250
119	பசப்புறு பருவரல்	252
120	தனிப்படர் மிகுதி	254
121	நினைந்தவர் புலம்பல்	256
122	கனவுநிலை உரைத்தல்	258
123	பொழுதுகண்டு இரங்கல்	260
124	உறுப்புநலன் அழிதல்	262
125	நெஞ்சொடு கிளத்தல்	264
126	நிறையழிதல்	266
127	அவர்வயின் விதும்பல்	268
128	குறிப்பறிவுறுத்தல்	270
129	புணர்ச்சி விதும்பல்	272
130	நெஞ்சொடு புலத்தல்	274
131	புலவி	276
132	புலவி நுணுக்கம்	278
133	ஊடலுவகை	280

98	Mórgacht	201
99	Foirfeacht	203
100	Cúirtéis	205
101	Maoin nach ndéanann maitheas d'éinne	207
102	Scrupall	209
103	Fónamh do do mhuintir féin	211
104	Feirmeoireacht	213
105	An bhochtaineacht	215
106	Déirc	217
107	Eagla roimh dhéirc a lorg	219
108	Suarachas	221

Leabhar 3
Grá (*Inbam*, 109–133) 223

3.1	Grá roimh phósadh (109–115)	223
109	An áilleacht is crá croí ann	223
110	Comharthaí an ghrá a aithint	227
111	Pléisiúr an ghrá	231
112	Moltar a meallacacht	233
113	Molaimis an grá	237
114	Slán le cúthaileacht	241
115	Ráfla á fhógairt	245
3.2	An grá sa phósadh (116–133)	247
116	Scaradh nach féidir a fhulaingt	247
117	Gearáin	249
118	Ídithe ag an mbuairt atá mo shúile	251
119	Mílítheach mé	253
120	An arraing aonair	255
121	Cuimhní uaigneacha	257
122	Físeanna oíche	259
123	Caoineadh um thráthnóna	261
124	Ídiú	263
125	Caint aonair	265
126	Coimhthíos a shárú	267
127	Dúil ina chéile	269
128	Na comharthaí a léamh	271
129	Dúil sa teacht le chéile arís	273
130	Féincháineadh	275
131	Pus a chur ort féin	277
132	Fearg a ligean ort féin	279
133	Bheith thíos seal thuas seal, nach deas!	281

அறிமுக உரை

உயர்தனிச் செம்மொழியாம் தமிழ் மொழியில் தோன்றி உலகப் பொதுமறை என்று போற்றப்படுகிற திருவள்ளுவர் இயற்றிய திருக்குறள், மனித வாழ்வியலுக்குத் தேவையான அடிப்படைக் கருத்துக்களைக் கொண்ட அற்புதமான தத்துவநூல். ஏழுசொற்களால்,சீரடியாய், குறள்வெண்பா யாப்பில் 133 அதிகாரங்கள் 1330 குறட்பாக்களைக் கொண்ட அறம், பொருள், இன்பம் பற்றி உரைக்கின்ற முப்பால் எனப்படும் ஒப்பற்ற இலக்கிய நூல்.

திருக்குறள் தமிழ் மொழியில் தோன்றியிருந்தாலும் உலக மக்கள் அனைவருக்குமான வாழ்வியல் அறங்களை எடுத்துரைக்கும் நூல். உலக அளவில் 40 மொழிகளுக்கும் மேற்பட்ட மொழிகளில் மொழி பெயர்க்கப்பட்ட நூல். கி பி 1886 இல் ஜி யு போப் ஆங்கிலத்தில் மொழி பெயர்த்தார். பிரஞ்சு மொழியில் ஏரியல் என்பாரும், லத்தீன் மொழியில் வீரமாமுனிவரும், ஜெர்மன் மொழியில் கெரல் என்பாரும் மொழிபெயர்த்துள்ளனர்.

தொழில் நிமித்தமாக அயர்லாந்து நாட்டில் குடியேறிய தமிழர்களாகிய நாங்கள், எங்களின் மொழியையும், பண்பாட்டையும் கட்டிக்காத்திட அயர்லாந்து தமிழ்க் கல்விக்கழகம் என்ற அமைப்பினைத் தொடங்கி குழந்தைகளுக்குத் தமிழ் மொழியையும், பண்பாட்டையும் கற்றுக் கொடுக்கும் பணியில் இறங்கினோம். கல்விக்கழக பணிகளில் ஒன்றாக தமிழர்தம் அரிய சிறப்பான திருக்குறள் நூலை ஐரிஷ் மொழியில் மொழிபெயர்க்க வேண்டும் என்ற எண்ணத்தைச் செயலாக்க முனைந்தோம். தமிழ் மொழியில் பற்று கொண்ட அயர்லாந்து வாழ் தமிழ் நண்பர்கள் இணைந்து இப்பணிக்கான முன்னேற்றுபுகளை செயல்படுத்தினோம்.

அயர்லாந்து நாட்டின் புகழ்பெற்ற டெரினிட்டி கல்லூரியின் மொழித்துறை பேராசிரியர் முனைவர் திரு. ஒன் மெக்கார்த்தி அவர்களைத் தொடர்பு கொண்டு ஆலோசித்தோம். இதற்கான முதல் அறிமுகக் கூட்டத்தை இணையத்தின் வழியாக நடத்தினோம். பேராசிரியர் மெகார்த்தி அவர்கள் அயர்லாந்தின் புகழ் பெற்ற எழுத்தாளர் திரு. கேப்ரியல் ரோசன்ஸ்டாக் அவர்களைக் கொண்டு திருக்குறளை மொழி பெயர்க்கலாம் என்று ஆலோசனை வழங்கினார்.

1949 ஆம் ஆண்டு அயர்லாந்தில் பிறந்த திரு. கேப்ரியல் ரோசன்ஸ்டாக் அவர்கள் மிகச்சிறந்த ஐரிஷ் மொழிக் கவிஞர், எழுத்தாளர், கட்டுரையாளர், பத்திரிகையாளர், 180 க்கும் மேற்பட்ட நூல்களின் ஆசிரியர். பத்திரிக்கை, தொலைக்காட்சி, பதிப்பகங்கள் எனப் பணியாற்றிய பட்டறிவு மிக்கவர். பேராசிரியர் திரு. மெகார்த்தி அவர்களின் முயற்சியால் திரு. கேப்ரியல் அவர்களைத் தொடர்பு கொண்டு மதுரை தமிழ் இலக்கிய மின்தொகுப்புத் திட்டம் வழி. ஜி யு போப் அவர்களின் திருக்குறள் ஆங்கில மொழி பெயர்ப்பைக் கொடுத்து திருக்குறளை ஐரிஷ் மொழியில்

Brollach

An file Tiruvaḷḷuvar (ar a dtugtar Vaḷḷuvar freisin) a chum an *Tirukkuṛaḷ*, mórshaothar litríochta agus fealsúnachta as Tamailis chlasaiceach a mhúineann na prionsabail eitice agus moráltachta is gá le saol suáilceach fiúntach a chaitheamh. Tá 1330 *kuṛaḷ* (leathrann seacht bhfocal) sa téacs, arna dtabhairt le chéile in 133 caibidil deich leathrann, agus tá na caibidlí arna n-eagrú i dtrí mhórghrúpa, faoi na teidil Suáilce, Maoin agus Grá. Cé gur as Tamailis a cumadh an téacs seo a chéaduair, tá fírinne uilíoch ann agus is féidir é a léamh anois i mbreis agus 40 teanga de chuid na hIndia agus de chuid an domhain mhóir. Chuir Karl Graul Gearmáinis agus Laidin air sa bhliain 1856 agus foilsíodh an chéad aistriúchán Béarla, a rinne George Uglow Pope, in 1886.

Tamalaigh sinne a tháinig go hÉirinn le bheith ag obair anseo agus a bhunaigh eagraíocht neamhbhrabúis, Institiúid Tamailise Éireann, chun an Tamailis, litríocht na Tamailise agus an cultúr Tamalach a chur chun cinn i measc na hóige. Mar theaghlaigh Thamalacha le grá mór dár dteanga, táimid ag obair le chéile ag múineadh Tamailise d'óg is d'aosta chun ár dteanga is ár gcultúr a neartú. Ceann de na príomhspriocanna a chuireamar romhainn ón tús ná go gcuirfí Gaeilge ar mhórsheoid na Tamailise, an *Tirukkuṛaḷ*.

Nuair a chuamar i dteagmháil le hEoin Mac Cárthaigh i Roinn na Gaeilge agus na dTeangacha Ceilteacha i gColáiste na Tríonóide, Baile Átha Cliath, mhol seisean dúinn iarraidh ar an bhfile clúiteach Gabriel Rosenstock an leagan Gaeilge a chur ar fáil. Scríbhneoir bisiúil, colúnaí, iriseoir agus file den chéad scoth is ea Gabriel, a rugadh in 1949 agus atá ina bhall d'Aosdána. Tá breis agus 180 leabhar tagtha óna pheann, agus is iad Everytype a d'fhoilsigh cuid mhaith acu. Tá Gaeilge curtha aige ar

மொழிபெயர்க்க வேண்டுகோள் விடுத்தோம். திரு கேப்ரியல் அவர்கள் மொழிபெயர்ப்பு பணியை மனமுவந்து ஏற்றுக் கொண்டு, பல்வெறு ஆங்கில மொழிபெயர்ப்புத் தரவுகளின் துணைகொண்டு செயலாற்றுவதாக உறுதியளித்தார். மொழிபெயர்ப்புக் குறித்து முதற்கட்ட ஆலோசனையை டப்ளின் நகரில் நிகழ்த்தினோம். நூலின் அமைப்பு, தமிழ் மொழிக்கும் ஐரிஷ் மொழிக்கும் உள்ள தொடர்புகள் மற்றும் திருக்குறள் மொழிபெயர்ப்புக் குறித்து கருத்துப் பரிமாற்றங்களை அவ்வப்போது நடத்திக் கொண்டோம். பேராசிரியர் திரு. மெகார்த்தி அவர்களோடு அடிக்கடி தொடர்புக் கொண்டு சைவ சித்தாந்த நூற்பதிப்புக் கழக திருக்குறள் நகலைக் கொண்டு அதிகாரம், குறள் எண் வைப்பு முறை பற்றிச் சரிபார்க்கும் பணிகளை மேற்கொண்டோம். அடுத்து ஐரிஷ் மொழியில் மொழிபெயர்க்கப்பட்ட குறட்பாக்களின் ஒலிப்பு முறை, ஒலியின் நிலை, பொருள் ஆகியவை பற்றிய சரிபார்ப்பை நிகழ்த்தினோம். சீரிய இந்த மொழிபெயர்ப்புப் பணியில் டெரினிட்டி கல்லூரியின் மொழித் துறையும், அயர்லாந்து தமிழ் கல்விக்கழகமும் இணைந்து பணியாற்றியதன் விளைவாகவும், திரு கேப்ரியல் அவர்களின் பெரு முயற்சியாலும், உழைப்பாலும் சிறந்த திருக்குறள் மொழிபெயர்ப்புப் பணி நிறைவு பெற்றுள்ளது.

தமிழர்களின் தனிப்பெரும் புதையலாம் திருக்குறள் நூல் அயர்லாந்து மொழியில் மொழிபெயர்க்கப்பட்டது, தமிழர்கள் அனைவருக்கும் பெருமை சேர்க்கும் செயலாகும். இந்த ஒப்பற்ற தத்துவ நூலை அயர்லாந்து வாழ் மக்கள் அனைவரும் படித்துப் பயன்பெற வேண்டும். அயர்லாந்தில் வாழும் மக்கள் அனைவருக்கும் திருக்குறளின் கருத்துகள் உறுதியாக ஒரு மிகச் சிறந்த வழிகாட்டியாக அமையும் என்பதில் எள்ளளவும் ஐயமில்லை. இந்த நூலைச் சிறப்பாக உருவாக்கிக் தந்த பேராசிரியர் திரு. மெக்கார்த்தி, மொழிபெயர்ப்பாளர் அறிஞர் திரு. கேப்ரியல், இந்த நூலை மிகச்சிறப்பாக வடிவமைத்துத் தந்த திரு. மைக்கேல், எவர்டைப் பதிப்பகம் ஆகியோருக்கும், மற்றும் இணைந்து பணியாற்றிய, ஆலோசனை வழங்கிய அறிவுசார் பெருமக்கள் அனைவருக்கும் எங்களின் நன்றிகளை உரித்தாக்கி மகிழ்கிறோம்.

கைப்பொருள் தன்னில்! மெய்ப்பொருள் கல்வி!

திருக்குறள் மொழிபெயர்ப்புக் குழுவில்,
இராசகுமார் சம்பந்தம், சரவணன் இராமமூர்த்தி,
சரண்யா இரமேஷ்குமார், குறள் இனியன் சிவஞானம்,
முத்துராம்பிரகாஷ் தங்கவேல்சாமி, தனலட்சுமி முருகேசன்,
மற்றும் அயர்லாந்து தமிழ்க் கல்விக்கழக நிருவாகக்குழு

mhórshaothair fealsúnachta eile freisin, agus is ardú meanman dúinn an spéis mhór atá léirithe aige sa *Tirukkuṟaḷ*. Ní aistriúchán díreach ó Thamailis go Gaeilge é seo ach traschruthú fileata a d'eascair as aistriúcháin Bhéarla a rinneadh ar an *Tirukkuṟaḷ*, ó Pope go Kannan, chomh maith le fís fhileata Gabriel. Ag obair i gcomhar le hEoin, tá comparáid déanta againn idir an leagan nua Gaeilge seo agus an buntéacs Tamailise, agus táimid sásta go bhfreagraíonn siad go dlúth dá chéile.

Uainn féin an leagan Tamailise atá á fhoilsiú anseo, a leanann leagan chumann foilsitheoireachta Saiva Siddhanta Works.[1]

Ábhar mórtais agus ceiliúrtha don phobal Tamalach ar fad is ea é gur féidir a seoid mhór a léamh anois as Gaeilge. Is mór an pléisiúr dúinn é an toirbhirt luachmhar seo a thabhairt do mhuintir na Gaeilge. Táimid faoi chomaoin ag Michael Everson in Evertype as an éacht atá déanta aige le dearadh an leabhair seo, ag Eoin Mac Cárthaigh i Roinn Gaeilge TCD agus ag gach éinne a d'oibrigh linn agus a chuir comhairle orainn agus, thar éinne eile, ag Gabriel Rosenstock.

Saibhreas suntasach doscriosta atá san fhoghlaim!

Coiste Aistrithe an Tirukkuṟaḷ

Rajakumar Sambandam, Saranya Rameshkumar, Saravanan Ramamoorthy, Kuraliniyan Sivagnanam, Muthuramprakash Thangavelsami, Dhanalakshmi Murugesan, agus foireann bainistíochta Institiúid Tamailise Éireann

---

1 திருவள்ளுவர் திருநாள் விழா மலர். *Tiruvaḷḷuvar Tirunāḷ Viḻā Malar*. Ceṉṉai: South India Saiva Siddhanta Works Publishing Society, 1968.

Preface

The *Tirukkural* is a celebrated literary and philosophical work written in classical Tamil by the poet Tiruvaḷḷuvar, known also as Vaḷḷuvar. It teaches the basic tenets of ethics and morality necessary for a good life. It is in 1330 short couplets called *kuṛal*s, each consisting of seven words, presented in groups of ten kurals in 133 chapters which, in turn, are grouped into three main sections, on virtue, wealth and love. Although the *Tirukkuṛal* first appeared in the Tamil language, its appeal is universal. It has been translated into at least 40 Indian and non-Indian languages. It was translated into German and Latin by Karl Graul in 1856 and the first complete English translation, by George Uglow Pope, was published in 1886.

We are Tamils who have settled in Ireland for business and employment, and who have established a non-profit organization called the Ireland Tamil Academy for the purpose of inspiring in the younger generation an interest in Tamil language, literature, and culture. Tamil families living in Ireland who are passionate about the Tamil language work together to strengthen our language and culture by teaching Tamil to children and adults of all ages. One of our Academy's missions has been to realize the vision of making the great *Tirukkuṛal* available in Irish.

When we approached Eoin Mac Cárthaigh of the Department of Irish and Celtic Languages at Trinity College Dublin, he suggested entrusting the work of producing an Irish-language version of the *Tirukkuṛal* to the celebrated poet Gabriel Rosenstock. Born in 1949 and a member of Aosdána, Gabriel is a prolific poet, writer, columnist, journalist, and author of more than 180 books—many published by Evertype. He has translated other great works of philosophy into Irish, and we are delighted with the great interest he has shown in the Tamil *Tirukkuṟaḷ*.

This is not a direct translation from Tamil into Irish. Rather it is a poetic transcreation, informed by English translations of the *Tirukkuṟaḷ*, ranging from Pope's translation to that by Kannan, as well as by Gabriel's poetic vision. With Eoin we have compared this new Irish version with the Tamil original and we are satisfied that they correspond closely with each other.

We ourselves have provided the Tamil version published here, following the Saiva Siddhanta Works Publishing Society version.[1]

That this great treasure of the Tamils can now be read in Irish is a matter of pride and celebration for the entire Tamil community. It gives us great pleasure to present this valuable gift to Irish speakers everywhere. We would like to express our gratitude to Michael Everson of Evertype for his fine book design, to Eoin Mac Cárthaigh of TCD Irish Department, to everyone who has worked with us and advised us and, most of all, to Gabriel Rosenstock.

Handicraft in itself! Literacy Education!

Tirukkuṟaḷ Translation Committee
Rajakumar Sambandam, Saranya Rameshkumar,
Saravanan Ramamoorthy, Kuraliniyan Sivagnanam,
Muthuramprakash Thangavelsami, Dhanalakshmi Murugesan,
and the management team of the Ireland Tamil Academy

---

1 திருவள்ளுவர் திருநாள் விழா மலர். *Tiruvalluvar Tirunāḷ Vilā Malar*. Ceṉṉai: South India Saiva Siddhanta Works Publishing Society, 1968.

Tiruvaḷḷuvar

திருவள்ளுவர்

Tirukkuṟaḷ

திருக்குறள்

பால் 1
அறத்துப்பால்

1.1 பாயிரவியல்
அதிகாரம் 1: கடவுள் வாழ்த்து

அகர முதல எழுத்தெல்லாம் ஆதி
பகவன் முதற்றே உலகு.   1

கற்றதனால் ஆய பயனென்கொல் வாலறிவன்
நற்றாள் தொழாஅர் எனின்.   2

மலர்மிசை ஏகினான் மாணடி சேர்ந்தார்
நிலமிசை நீடுவாழ் வார்.   3

வேண்டுதல் வேண்டாமை இலானடி சேர்ந்தார்க்கு
யாண்டும் இடும்பை இல.   4

இருள்சேர் இருவினையும் சேரா இறைவன்
பொருள்சேர் புகழ்புரிந்தார் மாட்டு.   5

பொறிவாயில் ஐந்தவித்தான் பொய்தீர் ஒழுக்க
நெறிநின்றார் நீடுவாழ் வார்.   6

தனக்குவமை இல்லாதான் தாள்சேர்ந்தார்க் கல்லால்
மனக்கவலை மாற்றல் அரிது.   7

Leabhar 1
Suáilce

1.1 **Réamhrá**
Caibidil 1: **Moladh Dé**

1   An chéad litir den aibítir is ea A;
    fórsa bunaidh an domhain is ea Dia.

2   Cad is fiú do chuid léinn go léir
    mura gcaithfeá tú féin ag cosa Dé?

3   Iad siúd a chaitheann iad féin ag cosa an Aoin,
    é siúd a chónaíonn i mbláth-chroí cáich,
        mairfidh i bhfad agus mairfidh faoi shéan.

4   É siúd a chaitheann é féin ag cosa an Aoin,
    gan aon ní de dhíth air, gan fuath ar bith ina chroí,
    beidh an duine sin saor ó bhuairt.

5   Téann an chinniúint i bhfeidhm orthu siúd
        atá in umar an aineolais,
    ach ní chuirfear bac orthu siúd a mhórann fíor-ghlóir Dé.

6   É siúd a leanann conair fhíor-mhorálta an Aoin,
    lasracha na gcúig céadfaí múchta aige, mairfidh sé i bhfad.

7   Seachas an té a chaitheann é féin ag cosa an Aoin,
        nach féidir samhlaoid a cheapadh Dó,
    is deacair laigí na hinchinne a leigheas.

அறவாழி அந்தணன் தாள்சேர்ந்தார்க் கல்லால்
பிறவாழி நீந்தல் அரிது. 8

கோளில் பொறியில் குணமிலவே எண்குணத்தான்
தாளை வணங்காத் தலை. 9

பிறவிப் பெருங்கடல் நீந்துவர் நீந்தார்
இறைவன் அடிசேரா தார். 10

8   Seachas an té a chaitheann é féin ag cosa Dé,
      aigéan na moráltachta,
      rachaidh go leor ag streachailt thar bhóchna na mianta.

9   An ceann nach sléachtann roimh Dhia
      níl aon oidhre air ach baill bheatha gan chéadfaí.

10 Iad siúd a chaitheann iad féin ag cosa Dé
      cuirfidh siad díobh aigéan mór na beatha;
      fágfar an chuid eile ar an trá fholamh.

அதிகாரம் 2: வான் சிறப்பு

வான்நின்று உலகம் வழங்கி வருதலால்
தான்அமிழ்தம் என்றுணரற் பாற்று.   11

துப்பார்க்குத் துப்பாய துப்பாக்கித் துப்பார்க்குத்
துப்பாய தூஉம் மழை.   12

விண்இன்று பொய்ப்பின் விரிநீர் வியனுலகத்து
உள்நின்று உடற்றும் பசி.   13

ஏரின் உழாஅர் உழவர் புயலென்னும்
வாரி வளங்குன்றிக் கால்.   14

கெடுப்பதூஉங் கெட்டார்க்குச் சார்வாய்மற் றாங்கே
எடுப்பதூஉம் எல்லாம் மழை.   15

விசும்பின் துளிவீழின் அல்லால்மற் றாங்கே
பசும்புல் தலைகாண்பு அரிது.   16

நெடுங்கடலும் தன்நீர்மை குன்றும் தடிந்தெழிலி
தான்நல்கா தாகி விடின்.   17

சிறப்பொடு பூசனை செல்லாது வானம்
வறக்குமேல் வானோர்க்கும் ஈண்டு.   18

தானம் தவம்இரண்டும் தங்கா வியன்உலகம்
வானம் வழங்கா தெனின்.   19

நீர்இன்று அமையாது உலகெனின் யார்யார்க்கும்
வான்இன்று அமையாது ஒழுக்கு.   20

Caibidil 2: **Glóir na báistí**

11 An bháisteach a choinníonn an domhan beo;
    mar sin, tugtar neachtar na neamhbhásmhaireachta
    ar an mbáisteach.

12 A bháisteach! Ní hé amháin go gcruthaíonn tú gach a n-ithimid,
    is bia ionat féin thú nach beo dúinn dá cheal.

13 Mura dtitfidh uisce na spéire, beidh ocras ar an domhan,
    cé gur timpeallaithe ag an bhfarraige atá sé.

14 Má theipeann ar an monsún,
    ní shaothróidh an feirmeoir an talamh chun bia a chur ar fáil.

15 Is í an ciapaire í; is í slánaitheoir an té atá ciaptha í:
    is í an uile ní dúinn í—an bháisteach.

16 Mura dtitfidh an bháisteach ina braonta anuas,
    an seamaide féir féin ní nochtfaidh a cheann glas.

17 Crapfaidh an t-aigéan mór féin fiú amháin,
    mura ndoirteann na scamaill ar ais ann an t-uisce a thógadar
    as an chéad lá.

18 Tiocfaidh deireadh le hofrálacha speisialta agus le deasghnátha
    laethúla do na déithe,
    má thriomaíonn na spéartha.

19 Ní bheidh carthanacht ná pionós sa saol seo níos mó,
    mura mbíonn na scamaill carthanach linn.

20 Ní beo don domhan gan uisce
    agus ní hann don mhoráltacht gan bháisteach.

அதிகாரம் 3: நீத்தார் பெருமை

ஒழுக்கத்து நீத்தார் பெருமை விழுப்பத்து வேண்டும் பனுவல் துணிவு.	21
துறந்தார் பெருமை துணைக்கூறின் வையத்து இறந்தாரை எண்ணிக்கொண் டற்று.	22
இருமை வகைதெரிந்து ஈண்டுஅறம் பூண்டார் பெருமை பிறங்கிற்று உலகு.	23
உரனென்னும் தோட்டியான் ஓரைந்தும் காப்பான் வரனென்னும் வைப்பிற்கோர் வித்து.	24
ஐந்தவித்தான் ஆற்றல் அகல்விசும்பு ளார்கோமான் இந்திரனே சாலுங் கரி.	25
செயற்கரிய செய்வார் பெரியர் சிறியர் செயற்கரிய செய்கலா தார்.	26
சுவைஒளி ஊறுஓசை நாற்றமென்று ஐந்தின் வகைதெரிவான் கட்டே உலகு.	27
நிறைமொழி மாந்தர் பெருமை நிலத்து மறைமொழி காட்டி விடும்.	28
குணமென்னும் குன்றேறி நின்றார் வெகுளி கணமேயும் காத்தல் அரிது.	29
அந்தணர் என்போர் அறவோர்மற் றெவ்வுயிர்க்கும் செந்தண்மை பூண்டொழுக லான்.	30

Caibidil 3: **Glóir don fhéindiúltóir**

21　Deirtear sna leabhair go léir nár sáraíodh riamh
　　an duine fíréanta ar féindiúltóir é.

22　Is geall le líon na ndaoine go léir a cailleadh go dtí seo
　　a chomhaireamh
　　cur síos a dhéanamh orthu siúd a sháraigh a gcuid mianta.

23　Tugann siad brí don domhan seo, an dream tréitheach úd
　　a bhfuil eolas acu ar an dá shaol, ach a roghnaigh saol fíréanta
　　a chaitheamh.

24　Ach brod na diongbháilteachta a luí ar eilifint na gcúig céadfaí
　　chun í a rialú, deimhníonn an duine sin go mbeidh glóir
　　i ndán dó.

25　Dia, rí na bhflaitheas: is sampla É den toradh a thagann
　　ar chumas an duine chun na cúig céadfaí a rialú.

26　An rud a dhealaíonn an duine mór ón ngnáthdhuine is ea
　　an cumas atá ann an ní dodhéanta, ba dhóigh leat, a dhéanamh.

27　An té a bhfuil scrúdú déanta aige agus máistreacht faighte aige
　　ar ghriogadh na gcéadfaí, blas, radharc, tadhall, fuaim
　　is boladh, rialóidh sé a shaol.

28　Soiscéal a bheidh i mbriathra na ndaoine glórmhara sin
　　a bhfuil smacht iomlán acu ar a n-aigne.

29　Iad siúd a bhfuil sliabh na moráltachta dreaptha acu,
　　seal soicind féin ní thabharfaidh siad dá bhfearg.

30　Anthanar (duine uasal) a thugtar ar an dea-dhuine sin
　　a thugann grá do gach neach beo.

அதிகாரம் 4: *அறன் வலியுறுத்தல்*

சிறப்பீனும் செல்வமும் ஈனும் அறத்தினூஉங்கு ஆக்கம் எவனோ உயிர்க்கு.	31
அறத்தினூஉங்கு ஆக்கமும் இல்லை அதனை மறத்தலின் ஊங்கில்லை கேடு.	32
ஒல்லும் வகையான் அறவினை ஓவாதே செல்லும்வாய் எல்லாஞ் செயல்.	33
மனத்துக்கண் மாசிலன் ஆதல் அனைத்துஅறன் ஆகுல நீர பிற.	34
அழுக்காறு அவாவெகுளி இன்னாச்சொல் நான்கும் இழுக்கா இயன்றது அறம்.	35
அன்றறிவாம் என்னாது அறஞ்செய்க மற்றது பொன்றுங்கால் பொன்றாத் துணை.	36
அறத்தாறு இதுவென வேண்டா சிவிகை பொறுத்தானோடு ஊர்ந்தான் இடை.	37
வீழ்நாள் படாஅமை நன்றாற்றின் அஃதொருவன் வாழ்நாள் வழியடைக்குங் கல்.	38
அறத்தான் வருவதே இன்பமற் றெல்லாம் புறத்த புகழும் இல.	39
செயற்பால தோரும் அறனே ஒருவற்கு உயற்பால தோரும் பழி.	40

Caibidil 4: Éifeacht na fíréantachta

31 Dea-cháil agus gustal atá mar thoradh ar an bhfíréantacht;
    an bhfuil aon ní níos luachmhaire ná í?

32 An t-ionracas an ciste is fearr atá agat;
    níl aon dochar níos mó ann ná é a thréigean.

33 Déan an rud ceart i gcónaí, i ngach slí is féidir,
    pé áit a rachaidh tú.

34 Is é is fíor-ionracas morálta ann ná smaointe gan cháim
    a bheith agat;
    gach rud eile níl ann ach baois is buaileam sciath.

35 Is é bun agus barr na fíréantachta ann ná fáil réidh
    leis na ceithre laigí—
    éad, dúil, fearg agus briathra dochracha.

36 Déan dea-ghníomhartha anois—ná fan le dímheabhair
    na seanaoise;
    beidh siad mar dhlúthchompánaigh ansin agat.

37 Ní fianaise ar bith ar ghníomhartha morálta a bheith déanta
    roimhe seo ag duine é a bheith á ardú ag duine eile
    ar eileatram.

38 Ná lig lá thart gan dea-ghníomh a dhéanamh; comhlíonann sé
    an saol seo agus ní bheidh gá le saol eile dá bharr san.

39 Dea-ghníomhartha amháin a chuireann bláth na lúcháire ar fáil;
    míshonas agus droch-cháil a leanann gach aon rud eile.

40 Is maith is fiú an dea-ghníomh a dhéanamh; seachain
    an drochghníomh chun tú féin a chosaint ar dhroch-cháil.

1.2 இல்லறவியல்
அதிகாரம் 5: இல்வாழ்க்கை

இல்வாழ்வான் என்பான் இயல்புடைய மூவர்க்கும்
நல்லாற்றின் நின்ற துணை.   41

துறந்தார்க்கும் துவ்வா தவர்க்கும் இறந்தார்க்கும்
இல்வாழ்வான் என்பான் துணை.   42

தென்புலத்தார் தெய்வம் விருந்தொக்கல் தானென்றாங்கு
ஐம்புலத்தாறு ஓம்பல் தலை.   43

பழியஞ்சிப் பாத்தூண் உடைத்தாயின் வாழ்க்கை
வழியெஞ்சல் எஞ்ஞான்றும் இல்.   44

அன்பும் அறனும் உடைத்தாயின் இல்வாழ்க்கை
பண்பும் பயனும் அது.   45

அறத்தாற்றின் இல்வாழ்க்கை யாற்றின் புறத்தாற்றிற்
போஒய்ப் பெறுவ தெவன்.   46

இயல்பினான் இல்வாழ்க்கை வாழ்பவன் என்பான்
முயல்வாருள் எல்லாம் தலை.   47

ஆற்றின் ஒழுக்கி அறனிழுக்கா இல்வாழ்க்கை
நோற்பாரின் நோன்மை உடைத்து.   48

அறனெனப் பட்டதே இல்வாழ்க்கை அஃதும்
பிறன்பழிப்ப தில்லாயின் நன்று.   49

வையத்துள் வாழ்வாங்கு வாழ்பவன் வானுறையும்
தெய்வத்துள் வைக்கப் படும்.   50

1.2 Suáilce bhaile
Caibidil 5: **Saol an teaghlaigh**

41   Is é is fear maith teaghlaigh ann ná an té a thacaíonn
     leis na caidrimh go léir (tuismitheoirí, bean chéile, clann)
     ar bhealach cothrom ionraic.

42   Tacaíonn fear maith teaghlaigh chomh maith leis na naoimh,
     agus leo siúd atá bocht easpach.

43   Oidí, Dia, aíonna, gaolta agus tú féin—is den tábhacht é iad siúd
     go léir a chothú i dteannta an teaghlaigh.

44   An té a thuilleann a chuid gan a bheith ina chníopaire,
     beidh saol iomlán gan ghearán aige de thoradh an daonchairdis.

45   Má thugann an teaghlach tús áite don ghrá agus don suáilceas,
     tréithe agus toradh an teaghlaigh sin a bheidh iontu.

46   Níl ach slí amháin ann chun do shaol a chaitheamh,
     is é sin go suáilceach; cad atá le gnóthú agat
     má chaitear suáilceas i dtraipisí?

47   An té a chaitheann gnáthshaol grámhar teaghlaigh,
     tá an duine sin i bhfad chun tosaigh ar an té
     a bhfuil tosaíochtaí eile á lorg aige.

48   Má chaitheann duine saol suáilceach agus má chabhraíonn sé
     le daoine eile a bheith amhlaidh,
     is fearr an saol teaghlaigh sin ná peannaid na naomh.

49   Is é is fíor-shuáilceas ann ná saol teaghlaigh gan cháim
     a chaitheamh;
     is fearr fós é mura bhfaigheann daoine eile locht air.

50   An té a chaitheann a shaol abhus mar is cóir,
     caithfear leis mar a chaitear leis na Déithe ar neamh.

அதிகாரம் 6: வாழ்க்கைத் துணைநலம்

மனைக்தக்க மாண்புடையள் ஆகித்தற் கொண்டான் வளத்தக்காள் வாழ்க்கைத் துணை.	51
மனைமாட்சி இல்லாள்கண் இல்லாயின் வாழ்க்கை எனைமாட்சித் தாயினும் இல்.	52
இல்லதென் இல்லவள் மாண்பானால் உள்ளதென் இல்லவள் மாணாக் கடை.	53
பெண்ணிற் பெருந்தக்க யாவுள கற்பென்னும் திண்மையுண் டாகப் பெறின்.	54
தெய்வந் தொழாஅள் கொழுநன் தொழுதெழுவாள் பெய்யெனப் பெய்யும் மழை.	55
தற்காத்துத் தற்கொண்டாற் பேணித் தகைசான்ற சொற்காத்துச் சோர்விலாள் பெண்.	56
சிறைகாக்குங் காப்புவன் செய்யும் மகளிர் நிறைகாக்குங் காப்பே தலை.	57
பெற்றாற் பெறின்பெறுவர் பெண்டிர் பெருஞ்சிறப்புப் புத்தேளிர் வாழும் உலகு.	58
புகழ்புரிந்த இல்லிலோர்க்கு இல்லை இகழ்வார்முன் ஏறுபோல் பீடு நடை.	59
மங்கலம் என்ப மனைமாட்சி மற்றுஅதன் நன்கலம் நன்மக்கட் பேறு.	60

Caibidil 6: Dea-pháirtí saoil

51 Dea-chéilí saoil is ea daoine ag a bhfuil na suáilcí is gá
    chun teaghlach a riar agus a chaitheann de réir a n-acmhainne.

52 Mura bhfuil na suáilcí sin ag do chéile is gá
    le haghaidh an tsaoil phósta,
    níl aon tábhacht le haon ní eile a bheadh agat.

53 Má tá na suáilcí sin ag do chéile is gá le
    haghaidh an tsaoil phósta,
    cén rud nach bhfuil agat? Mura bhfuil, cad atá agat?

54 Más duine breá suáilceach do chéile,
    an bhféadfadh aon ní níos fearr ná sin a bheith agat?

55 Doirtfidh an bháisteach anuas ar ordú na mná
    a ghuíonn, ní chun Dé ach chun a céile.

56 Ní hí féin amháin a chosnaíonn an bhean, ach í ag tabhairt aire
    dá fear céile de shíor agus cáil an teaghlaigh á buanú aici.

57 An aon mhaith é bean a bheith agat agus bac a chur uirthi?
    As a stuaim féin a fhanfaidh an bhean suáilceach.

58 Má léiríonn bean ómós dá céile, beidh glóir i ndán di
    i bhflaitheas na ndéithe.

59 Iad siúd nach bhfuil saol teaghlaigh suáilceach acu,
    ní bheidh siad in ann siúl mar leon gan náire i measc
    a gcuid iomaitheoirí.

60 Is mór an logha do dhuine saol breá pósta a bheith aige;
    is maisiú air sin é dea-chlann a bheith air.

அதிகாரம் 7: **மக்கட்பேறு**

பெறுமவற்றுள் யாமறிவது இல்லை அறிவறிந்த
மக்கட்பேறு அல்ல பிற. 61

எழுபிறப்பும் தீயவை தீண்டா பழிபிறங்காப்
பண்புடை மக்கட் பெறின். 62

தம்பொருள் என்பதம் மக்கள் அவர்பொருள்
தம்தம் வினையான் வரும். 63

அமிழ்தினும் ஆற்ற இனிதேதம் மக்கள்
சிறுகை அளாவிய கூழ். 64

மக்கள்மெய் தீண்டல் உடற்கின்பம் மற்றுஅவர்
சொற்கேட்டல் இன்பம் செவிக்கு. 65

குழல்இனிது யாழ்இனிது என்பதம் மக்கள்
மழலைச்சொல் கேளா தவர். 66

தந்தை மகற்குஆற்றும் நன்றி அவையத்து
முந்தி இருப்பச் செயல். 67

தம்மின்தம் மக்கள் அறிவுடைமை மாநிலத்து
மன்னுயிர்க் கெல்லாம் இனிது. 68

ஈன்ற பொழிதிற் பெரிதுவக்கும் தன்மகனைச்
சான்றோன் எனக்கேட்ட தாய். 69

மகன்தந்தைக்கு ஆற்றும் உதவி இவன்தந்தை
என்நோற்றான் கொல்எனுஞ் சொல். 70

Caibidil 7: **Is logha dúinn páistí**

61 Níl ciste níos luachmhaire ann ná páistí stuama a thuigeann
    cad is gá a thuiscint.

62 Ní baol duit seacht mbreith fiú amháin a chur díot,
    má thugann tú leanaí suáilceacha ar an saol.

63 Focal eile ar leanaí is ea maoin; an mhaoin a shaothróidh
    na leanaí, is lena ngníomhartha a shaothrófar í.

64 An leite a chorraíonn lámha beaga spraíúla do chuid páistí,
    is milse í ná neachtar.

65 Ábhar lúcháire é craiceann bog do leanaí féin a chuimilt;
    is binne ná an chuach a nglór.

66 Iad siúd amháin nach n-éisteann le gleois bhinn a gcuid leanaí
    a déarfadh gur ceolmhar í an fhliúit.

67 Is é dualgas an athar i leith a chlainne ná scoth an oideachais
    a chur orthu.

68 Braitheann gach éinne againn bród as ár gcuid páistí
    más cliste iad ná sinn féin.

69 Bíonn níos mó mórtais ar mháthair nuair a chloiseann sí mac léi
    á mholadh mar scoláire uasal ná mar a bhí nuair a rugadh é.

70 Dualgas an mhic i leith an athar ná iontas a chur ar dhaoine eile
    cén gaisce a dhein an t-athair chun mac mar sin a bheith aige.

அதிகாரம் 8: அன்புடைமை

அன்பிற்கும் உண்டோ அடைக்குந்தாழ் ஆர்வலர்
புன்கணீர் பூசல் தரும். 71

அன்பிலார் எல்லாம் தமக்குரியர் அன்புடையார்
என்பும் உரியர் பிறர்க்கு. 72

அன்போடு இயைந்த வழக்கென்ப ஆருயிர்க்கு
என்போடு இயைந்த தொடர்பு. 73

அன்புஈனும் ஆர்வம் உடைமை அதுஈனும்
நண்பென்னும் நாடாச் சிறப்பு. 74

அன்புற்று அமர்ந்த வழக்கென்ப வையகத்து
இன்புற்றார் எய்துஞ் சிறப்பு. 75

அறத்திற்கே அன்புசார் பென்ப அறியார்
மறத்திற்கும் அஃதே துணை. 76

என்பி லதனை வெயில்போலக் காயுமே
அன்பி லதனை அறம். 77

அன்பகத் தில்லா உயிர்வாழ்க்கை வன்பாற்கண்
வற்றல் மரந்தளிர்த் தற்று. 78

புறத்துறுப் பெல்லாம் எவன்செய்யும் யாக்கை
அகத்துறுப்பு அன்பி லவர்க்கு. 79

அன்பின் வழியது உயிர்நிலை அஃதிலார்க்கு
என்புதோல் போர்த்த உடம்பு. 80

Caibidil 8: **Grá a bheith agat**

71 An bhfuil laiste ann a chuirfeadh an grá faoi ghlas
    agus i bhfolach?
    Nochtfaidh grá i ndeora má tá an leannán i sáinn.

72 An té atá gan ghrá, coinníonn sé an uile ní dó féin.
    An té atá lán de ghrá, iompraíonn sé a chnámha féin
    ar mhaithe le daoine eile.

73 Samhlaítear luach na beatha leis an gcolainn
    toisc go samhlaítear grá leis an mbeatha, a deirtear.

74 Comhartha an ghrá is ea cion a bheith ar gach éinne,
    rud a chruthaíonn cairdis luachmhara.

75 Is onóir é an t-áthas a aimsiú sa saol seo,
    toradh ar shaol lán de ghrá a chaitheamh, a deirtear.

76 Ceapann na hainbhiosáin go bhfuil gá le grá ar mhaithe
    le dea-ghníomhartha a dhéanamh agus é sin amháin;
    níl a fhios acu gur comhghuaillí leis an gcrógacht é an grá
    chomh maith.

77 Priocfaidh coinsias fíréanta an saol gan ghrá,
    faoi mar a dhófadh an ghrian colainn gan chnámha.

78 Saol éadairbheach é an saol gan grá ina lár—
    crann seasc ag bláthú sa díseart.

79 Mura bhfuil grá i gcroí an duine,
    cad atá géaga na colainne in ann a dhéanamh?

80 Ní beo d'éinne nach leanann conair an ghrá,
    níl ann ach creatlach faoi chraiceann.

அதிகாரம் 9: விருந்தோம்பல்

இருந்தோம்பி இல்வாழ்வ தெல்லாம் விருந்தோம்பி
வேளாண்மை செய்தற் பொருட்டு.   81

விருந்து புறத்ததாத் தானுண்டல் சாவா
மருந்தெனினும் வேண்டற்பாற் றன்று.   82

வருவிருந்து வைகலும் ஓம்புவான் வாழ்க்கை
பருவந்து பாழ்படுதல் இன்று.   83

அகனமர்ந்து செய்யாள் உறையும் முகனமர்ந்து
நல்விருந்து ஓம்புவான் இல்.   84

வித்தும் இடல்வேண்டும் கொல்லோ விருந்தோம்பி
மிச்சில் மிசைவான் புலம்.   85

செல்விருந்து ஓம்பி வருவிருந்து பார்த்திருப்பான்
நல்விருந்து வானத் தவர்க்கு.   86

இனைத்துணைத் தென்பதொன் றில்லை விருந்தின்
துணைத்துணை வேள்விப் பயன்.   87

பரிந்தோம்பிப் பற்றற்றேம் என்பர் விருந்தோம்பி
வேள்வி தலைப்படா தார்.   88

உடைமையுள் இன்மை விருந்தோம்பல் ஓம்பா
மடமை மடவார்கண் உண்டு.   89

மோப்பக் குழையும் அனிச்சம் முகந்திரிந்து
நோக்கக் குழையும் விருந்து.   90

Caibidil 9: **Féile**

81 Is é an cuspóir a bhaineann le maoin a ghnóthú
agus saol teaghlaigh a chaitheamh
ná a bheith fial le haíonna.

82 Fiú má tá neachtar na neamhbhásmhaireachta agat,
ní cuí ithe leat féin, agus aíonna a fhágáil lasmuigh.

83 An té atá fial le haíonna gach áit,
ní bheidh sé thíos leis go deo.

84 Cónóidh Bandia an rachmais go sona sásta leis an té
a fhriothálann ar a chuid aíonna agus meangadh gáire
ar a aghaidh.

85 An gá dó an gort a chur fiú amháin, mura
n-itheann sé i gcónaí ach fuílleach an bhia tar éis dó
a chuid aíonna a bheathú?

86 An té a chuireann na múrtha fáilte roimh a chuid aíonna agus
tar éis dóibh imeacht a bhíonn ag súil leis an gcéad aoi eile,
cuirfear fáilte is fiche roimhe sin mar aoi ar neamh.

87 Ní féidir luach a chur ar shochar na féile; cáilíocht na n-aíonna
amháin a chuirfeadh teorainn leis.

88 Iad siúd nach nglacann leis an bhféile mar dheasghnáth
spioradálta, beidh aithreachas orthu ar ball nuair
a chaillfidh siad an mhaoin a rabhadar chomh tógtha sin leis.

89 Is amadáin iad an dream a roghnódh an bhochtaineacht,
ainneoin maoin a bheith acu, trí gan a bheith fial
lena gcuid aíonna.

90 Seargann an falcaire fiáin (anicham) nuair a bholaítear é.
Seargfaidh aoi má bhraitheann sé an crapadh is lú
ar cheannaithe an tíosaigh.

அதிகாரம் 10: இனியவை கூறல்

இன்சொலால் ஈரம் அளைஇப் படிறுஇலவாஞ் செம்பொருள் கண்டார்வாய்ச் சொல்.	91
அகனமர்ந்து ஈதலின் நன்றே முகனமர்ந்து இன்சொல னாகப் பெறின்.	92
முகத்தான் அமர்ந்துஇனிது நோக்கி அகத்தானாம் இன்சொ லினதே அறம்.	93
துன்புறூஉந் துவ்வாமை இல்லாகும் யார்மாட்டும் இன்புறூஉம் இன்சொ லவர்க்கு.	94
பணிவுடையன் இன்சொலன் ஆதல் ஒருவற்கு அணியல்ல மற்றுப் பிற.	95
அல்லவை தேய அறம்பெருகும் நல்லவை நாடி இனிய சொலின்.	96
நயன்ஈன்று நன்றி பயக்கும் பயன்ஈன்று பண்பின் தலைப்பிரியாச் சொல்.	97
சிறுமையுள் நீங்கிய இன்சொல் மறுமையும் இம்மையும் இன்பந் தரும்.	98
இன்சொல் இனிதீன்றல் காண்பான் எவன்கொலோ வன்சொல் வழங்கு வது.	99
இனிய உளவாக இன்னாத கூறல் கனியிருப்பக் காய்கவர்ந் தற்று.	100

Caibidil 10: **Labhairt go binn**

91 Focail chaoine ghrámhara gan mhailís a thiocfaidh
    ó bhéal na scoláirí gaoiseacha.

92 Is fearr an focal binn ón mbéal gealgháireach ná a bheith
    i do dhaonchara agus croí éadrom agat.

93 Suáilce an-deas is ea féachaint ar dhuine go cineálta,
    meangadh gáire ar do bhéal agus labhairt go binn leis.

94 Ní chuirfidh arraing na bochtaineachta isteach
    ar an té a labhraíonn go binn le cách.

95 An focal suairc agus an umhlaíocht, sin iad na fíor-sheoda
    dúinn go léir agus ní haon rud eile é.

96 Má lorgaítear agus má labhraítear an focal caoin
    a dhéanann leas gach éinne, beidh an fhíréantacht i réim
    agus an dochar ag cúlú.

97 Beidh toradh cóir ar an gcaint bhinn agus is tríthi
    a léireofar na suáilcí cearta.

98 Séan a leanann an focal binn, an focal gan mailís ar bith ann,
    sa saol seo agus sa chéad saol eile.

99 Nuair is léir an dea-thoradh a bhíonn ar an bhfocal binn,
    cén fáth a mbeadh focal garbh uait?

100 An focal mioscaiseach a rá in áit an fhocail bhinn,
    is ionann sin agus toradh neamhaibí a phiocadh
    nuair atá fáil ar thorthaí aibí.

அதிகாரம் 11: செய்ந்நன்றி அறிதல்

செய்யாமற் செய்த உதவிக்கு வையகமும்
வானகமும் ஆற்ற லரிது. 101

காலத்தி னாற்செய்த நன்றி சிறிதெனினும்
ஞாலத்தின் மாணப் பெரிது. 102

பயன்தூக்கார் செய்த உதவி நயன்தூக்கின்
நன்மை கடலிற் பெரிது. 103

தினைத்துணை நன்றி செயினும் பனைத்துணையாக்
கொள்வர் பயன்தெரி வார். 104

உதவி வரைத்தன்று உதவி உதவி
செயப்பட்டார் சால்பின் வரைத்து. 105

மறவற்க மாசற்றார் கேண்மை துறவற்க
துன்பத்துள் துப்பாயார் நட்பு. 106

எழுமை எழுபிறப்பும் உள்ளுவர் தங்கண்
விழுமந் துடைத்தவர் நட்பு. 107

நன்றி மறப்பது நன்றன்று நன்றல்லது
அன்றே மறப்பது நன்று. 108

கொன்றன்ன இன்னா செயினும் அவர்செய்த
ஒன்றுநன்று உள்ளக் கெடும். 109

எந்நன்றி கொன்றார்க்கும் உய்வுண்டாம் உய்வில்லை
செய்ந்நன்றி கொன்ற மகற்கு. 110

Caibidil 11: **Buíochas**

101 Gar a dhéanamh do dhuine—ní chun an comhar a íoc—
is luachmhaire é sin ná neamh agus talamh le chéile.

102 Gar tráthúil a dhéanamh do dhuine, fiú gan aon luach ábhartha
a bheith ag roinnt leis, ní féidir luach a chur air sin.

103 Má scrúdaítear na himpleachtaí a bhaineann leis an ngar
a dhéanfaí do dhuine, gan smaoineamh ar an toradh
a bheadh air sin, is leithne ná an t-aigéan é sin.

104 Iad siúd a thuigeann an fíor-luach a bhaineann le gar,
feicfidh siad crann san áit a raibh grán.

105 An comhar a íoctar, ná meastar é ar luach an ghair,
ach ar fhéile an té a dhein gar duit.

106 Ná déan dearmad go deo ar an gceangal atá agat
le duine gan cháim;
daoine a sheas leat in am an ghátair,
ná lig don chairdeas sin dul i léig.

107 Cuimhnigh go brách ar an gcairdeas sin a sháraigh an anachain,
fiú tar éis duit seacht mbreith a chur díot.

108 Ní ceart dearmad a dhéanamh ar an gcúnamh a tugadh duit;
is suáilceach an ní é dearmad a dhéanamh—ar an toirt—
ar an dochar a dhéanfaí duit.

109 Fiú má dhéanann duine dochar marfach,
scaoil tharat é má tá dea-ghníomh déanta roimhe sin aige.

110 Slánófar an té a dhéanann faillí i ngach suáilce seachas an té
atá neamhbhuíoch.

அதிகாரம் 12: நடுவு நிலைமை

தகுதி எனவொன்று நன்றே பகுதியால் பாற்பட்டு ஒழுகப் பெறின்.	111
செப்பம் உடையவன் ஆக்கஞ் சிதைவின்றி எச்சத்திற் கேமாப்பு உடைத்து.	112
நன்றே தரினும் நடுவிகந்தாம் ஆக்கத்தை அன்றே ஒழிய விடல்.	113
தக்கார் தகவிலர் என்பது அவரவர் எச்சத்தாற் காணப் படும்.	114
கேடும் பெருக்கமும் இல்லல்ல நெஞ்சத்துக் கோடாமை சான்றோர்க் கணி.	115
கெடுவல்யான் என்பது அறிகதன் நெஞ்சம் நடுஒரீஇ அல்ல செயின்.	116
கெடுவாக வையாது உலகம் நடுவாக நன்றிக்கண் தங்கியான் தாழ்வு.	117
சமன்செய்து சீர்தூக்குங் கோல்போல் அமைந்தொருபால் கோடாமை சான்றோர்க் கணி.	118
சொற்கோட்டம் இல்லது செப்பம் ஒருதலையா உட்கோட்டம் இன்மை பெறின்.	119
வாணிகஞ் செய்வார்க்கு வாணிகம் பேணிப் பிறவும் தமபோற் செயின்.	120

Caibidil 12: **Neodracht**

111 Is iontach an tsuáilce í an neodracht nuair a chleachtar
cothrom na Féinne le gach dream: naimhde, cairde, strainséirí.

112 Mairfidh saibhreas an té a bhfuil dearcadh cothrom aige,
agus mairfidh sna glúine a thiocfaidh.

113 Fiú má thagann sochar éigin as gníomh éagothrom,
seachain an gníomh sin.

114 Nádúr na clainne a thiocfaidh ina dhiaidh a dhearbhóidh
an raibh an duine sin cothrom nó éagothrom
i gcaitheamh a shaoil.

115 Thíos seal thuas seal, is mar sin a bhíonn,
maisiú ar shaol an scoláire uasail is ea é gan ligean d'aon ní
preab a bhaint as a chroí.

116 Má mheallann smaoineamh éagothrom an croí, tuig láithreach
gur ar bhóthar d'aimhleasa ataoi.

117 Ní bheidh drochmheas ag éinne ar an té a thiteann
in umar na haimléise tar éis do a bheith cothrom fíréanta.

118 Ar nós na meá agus í ag luascadh mar is cóir
atá grásta na scoláirí uaisle a dhéanann measúnacht
neamhchlaon.

119 Is fíréanta an rud é an focal neamhchlaon a rá;
tagann an focal sin mar thoradh ar smaointe atá neamhchlaon.

120 An fear gnó ionraic, úsáideann sé airgead daoine eile
go cúramach, faoi mar ba é a chuid airgid féin é.

அதிகாரம் 13: அடக்கமுடைமை

அடக்கம் அமரருள் உய்க்கும் அடங்காமை
ஆரிருள் உய்த்து விடும்.   121

காக்க பொருளா அடக்கத்தை ஆக்கம்
அதனினூஉங் கில்லை உயிர்க்கு.   122

செறிவறிந்து சீர்மை பயக்கும் அறிவறிந்து
ஆற்றின் அடங்கப் பெறின்.   123

நிலையில் திரியாது அடங்கியான் தோற்றம்
மலையினும் மாணப் பெரிது.   124

எல்லார்க்கும் நன்றாம் பணிதல் அவருள்ளும்
செல்வர்க்கே செல்வந் தகைத்து.   125

ஒருமையுள் ஆமைபோல் ஐந்தடக்கல் ஆற்றின்
எழுமையும் ஏமாப் புடைத்து.   126

யாகாவா ராயினும் நாகாக்க காவாக்கால்
சோகாப்பர் சொல்லிழுக்குப் பட்டு.   127

ஒன்றானும் தீச்சொல் பொருட்பயன் உண்டாயின்
நன்றாகா தாகி விடும்.   128

தீயினாற் சுட்டபுண் உள்ளாறும் ஆறாதே
நாவினாற் சுட்ட வடு.   129

கதங்காத்துக் கற்றடங்கல் ஆற்றுவான் செவ்வி
அறம்பார்க்கும் ஆற்றின் நுழைந்து.   130

Caibidil 13: **Guaim**

121 Tá áit i measc na ndéithe geallta don té a choinníonn guaim
air féin;
duibhe agus duairceas ar fad atá i ndán don té
atá gan féinsmacht.

122 Coinnigh smacht ort féin mar a choinneofá súil ar do mhaoin;
níl ciste níos luachmhaire ná sin ag aon neach faoin spéir.

123 Aithneofar cáilíochtaí an té atá lán de ghaois agus a leanann
an chonair cheart tríd an bhféinsmacht, agus beidh meas air.

124 Is mó ná sliabh é seasamh an té nach gclaonann
ón gconair cheart agus a choinníonn guaim air féin.

125 Dea-cháilíocht i ngach aon duine í an umhlaíocht;
go háirithe lucht gustail, is í a gcuid maoine í dáiríre.

126 An té a choinníonn smacht ar na cúig céadfaí,
tá sé ar nós na toirtíse a chúbann isteach ina blaosc aonair,
cosnófar é ar feadh na seacht mbreitheanna.

127 D'fhéadfá smacht a chailleadh ar rud ar bith seachas do theanga,
mar is minic a bhris béal duine a shrón.

128 Má tá dochar amháin ann agus an focal gránna is cúis leis,
is olc a rachaidh do dhea-ghníomhartha duit.

129 Cneasófar an ghoin ar tine is cúis léi;
níl aon leigheas ar an gcolm nuair is í an teanga is cúis leis.

130 Fanfaidh an suáilceas ar a dheis chun duine a mhaisiú,
an té a bhfuil an fhearg faoi smacht aige, a fhoghlaimíonn
gach a bhfuil le foghlaim agus a choinníonn guaim air féin.

அதிகாரம் 14: ஒழுக்கமுடைமை

ஒழுக்கம் விழுப்பம் தரலான் ஒழுக்கம்
உயிரினும் ஓம்பப் படும். 131

பரிந்தோம்பிக் காக்க ஒழுக்கம் தெரிந்தோம்பித்
தேரினும் அஃதே துணை. 132

ஒழுக்கம் உடைமை குடிமை இழுக்கம்
இழிந்த பிறப்பாய் விடும். 133

மறப்பினும் ஓத்துக் கொளலாகும் பார்ப்பான்
பிறப்பொழுக்கங் குன்றக் கெடும். 134

அழுக்கா றுடையான்கண் ஆக்கம்போன்று இல்லை
ஒழுக்க மிலான்கண் உயர்வு. 135

ஒழுக்கத்தின் ஒல்கார் உரவோர் இழுக்கத்தின்
ஏதம் படுபாக் கறிந்து. 136

ஒழுக்கத்தின் எய்துவர் மேன்மை இழுக்கத்தின்
எய்துவர் எய்தாப் பழி. 137

நன்றிக்கு வித்தாகும் நல்லொழுக்கம் தீயொழுக்கம்
என்றும் இடும்பை தரும். 138

ஒழுக்க முடையவர்க்கு ஒல்லாவே தீய
வழுக்கியும் வாயாற் சொலல். 139

உலகத்தோடு ஒட்ட ஒழுகல் பலகற்றும்
கல்லார் அறிவிலா தார். 140

Caibidil 14: **Gnaíúlacht**

131 Beidh d'ainm in airde ort de thoradh na gnaíúlachta;
     mar sin, ní fiú duit a bheith beo agus tú ar easpa gnaíúlachta.

132 Déan do sheacht ndícheall chun an ghnaíúlacht a chleachtadh;
     tar éis duit taighde a dhéanamh, ba chóir go dtuigfeá
     nach bhfuil a sárú ann mar chomhghuaillí.

133 Beidh do sheasamh sa saol ag brath ar iompar gnaíúil; cailltear
     seasamh de dheasca gníomhartha mínáireacha a dhéanamh.

134 Is féidir na scrioptúir a athfhoghlaim má dhearmadtar iad ach ní
     bráman é an bráman níos mó ná sháraíonn sé an chuibhiúlacht.

135 Más duine éadmhar thú níl maoin ar bith agat;
     níl forbairt i ndán don té atá míchuibhiúil.

136 Ní spárálann an duine diongbháilte an chuibhiúlacht,
     mar tá a fhios aige an fhulaingt a leanann míchuibheas.

137 Beidh d'ainm in airde de thoradh na gnaíúlachta,
     droch-cháil amach is amach a leanann an míchuibheas.

138 Cothaíonn dea-iompar dea-mhéin, agus arraing a leanann
     míchuibheas i gcónaí.

139 An té a chleachtann an chuibhiúlacht, ní éalaíonn an focal
     gránna uaidh fiú gan fhios dó féin.

140 An duine foghlamtha féin, gan ghaois atá sé mura gcloíonn sé
     le dea-nósmhaireacht na sochaí.

அதிகாரம் 15: பிறனில் விழையாமை

பிறன்பொருளாள் பெட்டொழுகும் பேதைமை ஞாலத்து அறம்பொருள் கண்டார்கண் இல்.	141
அறன்கடை நின்றாருள் எல்லாம் பிறன்கடை நின்றாரின் பேதையார் இல்.	142
விளிந்தாரின் வேறல்லர் மன்ற தெளிந்தாரில் தீமை புரிந்துஒழுகு வார்.	143
எனைத்துணையர் ஆயினும் என்னாம் தினைத்துணையும் தேரான் பிறனில் புகல்.	144
எளிதென இல்லிறப்பான் எய்துமெஞ் ஞான்றும் விளியாது நிற்கும் பழி.	145
பகைபாவம் அச்சம் பழியென நான்கும் இகவாவாம் இல்லிறப்பான் கண்.	146
அறனியலான் இல்வாழ்வான் என்பான் பிறனியலாள் பெண்மை நயவா தவன்.	147
பிறன்மனை நோக்காத பேராண்மை சான்றோர்க்கு அறனென்றோ ஆன்ற ஒழுக்கு.	148
நலக்குரியார் யாரெனின் நாமநீர் வைப்பின் பிறர்க்குரியாள் தோள்தோயா தார்.	149
அறன்வரையான் அல்ல செயினும் பிறன்வரையாள் பெண்மை நயவாமை நன்று.	150

Caibidil 15: **Gan céile duine eile a shantú**

141 Bean duine eile a shantú, is míchuibhiúlacht é sin
nach gcleachtfadh an té a bhfuil léargas faighte aige
ar an suáilceas agus ar an maoin.

142 Orthu siúd go léir a sháraigh teorainneacha na moráltachta,
níl gamal níos mó ann ná an té a bheadh sa tóir
ar bhean duine eile.

143 Is measa ná marbhán é an té a luífeadh le bean duine eile
a raibh muinín aige as.

144 Cad is fiú dea-cháil dá mhéad í, nuair a luíonn fear le bean
duine eile, gan smaoineamh in aon chor ar a bhfuil ar siúl aige?

145 An t-adhaltrach a luífeadh le bean duine eile agus a déarfadh
leis féin nach faic é, nach smaoineodh ar thoradh a ghnímh,
fágfar smál buan air.

146 Naimhdeas, peaca, eagla is díoltas,
leanfaidh na ceithre scáileanna sin an té
a mbeadh caidreamh aige le bean duine eile.

147 An té a chaitheann saol teaghlaigh fíréanta,
ní shantódh sé bean eile, dá mba spéirbhean féin í.

148 An-suáilce agus dea-bhéas is ea é i measc phlúr na bhfear
a bhfuil oideachas orthu, gan bean duine eile a shantú.

149 An té a bhfuil maitheasaí an domhain seo tuillte aige,
domhan atá timpeallaithe ag an aigéan garbh,
ní lorgóidh sé sólás i gcaidreamh le bean duine eile.

150 An rógaire, más peacach féin é, ba chóir dó ar a laghad
fanacht glan ar bhean duine eile.

அதிகாரம் 16: பொறையுடைமை

அகழ்வாரைத் தாங்கும் நிலம்போலத் தம்மை இகழ்வார்ப் பொறுத்தல் தலை.	151
பொறுத்தல் இறப்பினை என்றும் அதனை மறத்தல் அதனினும் நன்று.	152
இன்மையுள் இன்மை விருந்தொரால் வன்மையுள் வன்மை மடவார்ப் பொறை.	153
நிறையுடைமை நீங்காமை வேண்டின் பொறையுடைமை போற்றி ஒழுகப் படும்.	154
ஒறுத்தாரை ஒன்றாக வையாரே வைப்பர் பொறுத்தாரைப் பொன்போற் பொதிந்து.	155
ஒறுத்தார்க்கு ஒருநாளை இன்பம் பொறுத்தார்க்குப் பொன்றுந் துணையும் புகழ்.	156
திறனல்ல தற்பிறர் செய்யினும் நோநொந்து அறனல்ல செய்யாமை நன்று.	157
மிகுதியான் மிக்கவை செய்தாரைத் தாந்தம் தகுதியான் வென்று விடல்.	158
துறந்தாரின் தூய்மை உடையர் இறந்தார்வாய் இன்னாச்சொல் நோற்கிற் பவர்.	159
உண்ணாது நோற்பார் பெரியர் பிறர்சொல்லும் இன்னாச்சொல் நோற்பாரின் பின்.	160

Caibidil 16: **Foighne**

151 Ar nós an domhain a iompraíonn daoine a chlaonfadh
 i leataobh é,
 níl suáilce níos mó ann ná foighne a bheith agat leo siúd
 a bhíonn ag caitheamh anuas ort.

152 Ba chóir cur suas le cion a dhéanfaí i d'aghaidh.
 B'fhearr fós dearmad a dhéanamh air.

153 Ní bochtaineacht go diúltú d'aoi,
 ní neart go pleidhce amadáin a fhulaingt.

154 Más mian leat saol sásúil a chaitheamh, ní mór duit
 a bheith foighneach fadaraíonach.

155 Níl meas ar an té a bhaineann sásamh as duine eile.
 Is fearr foighne ná ór.

156 Ní bhíonn lá séin ag an té a bhaineann sásamh as duine eile;
 an té atá foighneach, mairfidh a cháil go Lá Philib an Chleite.

157 Fiú má chaitear leat go míchuibhiúil,
 is fearr gan olc a bheith ort ar eagla droch-ghníomh a dhéanamh
 dá dheasca san.

158 An té a bhfuil dochar déanta aige duit go sotalach,
 cloígh é le foighne.

159 Is glaine ná fíoruisce é an té a chuireann suas le focal garbh
 an chiontaigh.

160 Is mó ná an diantréanach a sháraíonn an t-ocras le céalacan
 an té a chuireann suas go foighneach leis an bhfocal garbh.

அதிகாரம் 17: அழுக்காறாமை

ஒழுக்காறாக் கொள்க ஒருவன்தன் நெஞ்சத்து
அழுக்காறு இலாத இயல்பு.					161

விழுப்பேற்றின் அஃதொப்பது இல்லையார் மாட்டும்
அழுக்காற்றின் அன்மை பெறின்.					162

அறன்ஆக்கம் வேண்டாதான் என்பான் பிறனாக்கம்
பேணாது அழுக்கறுப் பான்.					163

அழுக்காற்றின் அல்லவை செய்யார் இழுக்காற்றின்
ஏதம் படுபாக்கு அறிந்து.					164

அழுக்காறு உடையார்க்கு அதுசாலும் ஒன்னார்
வழுக்கியும் கேடீன் பது.					165

கொடுப்பது அழுக்கறுப்பான் சுற்றம் உடுப்பதூஉம்
உண்பதூஉம் இன்றிக் கெடும்.					166

அவ்வித்து அழுக்காறு உடையானைச் செய்யவள்
தவ்வையைக் காட்டி விடும்.					167

அழுக்காறு எனஒரு பாவி திருச்செற்றுத்
தீயுழி உய்த்து விடும்.					168

அவ்விய நெஞ்சத்தான் ஆக்கமும் செவ்வியான்
கேடும் நினைக்கப் படும்.					169

அழுக்கற்று அகன்றாரும் இல்லை அஃதுஇல்லார்
பெருக்கத்தில் தீர்ந்தாரும் இல்.					170

Caibidil 17: **Gan formad a bheith ort**

161 Ba chóir saol fíréanta a chaitheamh
 agus gan formad dá laghad a bheith ort.

162 Is bua iontach é gan formad a bheith ort,
 bua nach féidir a shárú.

163 An té nach bhfuil meas aige ar mhaoin daoine eile,
 de dheasca an fhormaid,
 níl meas aige ar an suáilceas ná ar a mhaoin féin.

164 Iad siúd a thuigeann an t-olc a leanann an formad,
 ní dhéanfaidh siad droch-ghníomh ar bith ag éirí as formad.

165 Níl gá agat le naimhde do mhillte;
 is leor formad chun tú a mhilleadh.

166 An té atá i bhformad leis an maoin sin a thugtar
 ar bhonn carthanach,
 beidh a mhuintir féin gan luid, gan faic le cur ina mbéal.

167 Srídéiví, bandia an rachmais, ní bheidh aon mheas aici
 ar an duine formadach
 agus cuirfidh sí faoi bhráid a deirféar é, Múdéiví,
 bandia na bochtaineachta.

168 Is olc é an formad, millfidh sé do mhaoin,
 agus treorófar thú go leac na bpian.

169 Is cóir anailís a dhéanamh ar an aimhrialtacht sin
 a fhágann maoin i lámha an duine atá lán d'fhormad
 agus a fhágann a mhalairt ag duine beo bocht.

170 An duine formadach, níl glóir i ndán dó;
 an té nach mbaineann formad leis, ní baol dó a ghlóir
 a chailleadh.

அதிகாரம் 18: வெஃகாமை

நடுவின்றி நன்பொருள் வெஃகின் குடிபொன்றிக் குற்றமும் ஆங்கே தரும்.	171
படுபயன் வெஃகிப் பழிப்படுவ செய்யார் நடுவன்மை நாணு பவர்.	172
சிற்றின்பம் வெஃகி அறனல்ல செய்யாரே மற்றின்பம் வேண்டு பவர்.	173
இலமென்று வெஃகுதல் செய்யார் புலம்வென்ற புன்மையில் காட்சி யவர்.	174
அஃகி அகன்ற அறிவென்னாம் யார்மாட்டும் வெஃகி வெறிய செயின்.	175
அருள்வெஃகி ஆற்றின்கண் நின்றான் பொருள்வெஃகிப் பொல்லாத சூழக் கெடும்.	176
வேண்டற்க வெஃகியாம் ஆக்கம் விளைவயின் மாண்டற் கரிதாம் பயன்.	177
அஃகாமை செல்வத்திற்கு யாதெனின் வெஃகாமை வேண்டும் பிறன்கைப் பொருள்.	178
அறனறிந்து வெஃகா அறிவுடையார்ச் சேரும் திறன்அறிந் தாங்கே திரு.	179
இறல்ஈனும் எண்ணாது வெஃகின் விறல்ஈனும் வேண்டாமை என்னுஞ் செருக்கு.	180

Caibidil 18: **Gan maoin daoine eile a shantú**

171 Más mian leat forlámhas a dhéanamh ar mhaoin atá tuillte
go maith ag daoine, millfear do theaghlach, spreagfar
a thuilleadh coireanna agus braithfidh tú ciontach ionat féin.

172 Ní pheacóidh an dream sin a chloífidh le cothrom na Féinne
agus gan maoin ábhartha daoine eile a shantú.

173 An té a bhfuil fíor-shonas uaidh, ní bheidh dúil aige
sa sásamh suarach sin a fhaightear as airgead daoine eile
a chaitheamh, agus ní dhéanfaidh gníomh neamhfhíréanta.

174 An té atá gaoiseach gan cháim agus máistreacht aige
ar na céadfaí, ní déarfaidh sé leis féin, "Nach bocht atáim"
agus maoin daoine eile a shantú.

175 Cad is fiú a bheith i d'eagnaí eolach, má chaitheann tú
go míchuibhiúil le duine ar bith, agus a mhaoin a shantú?

176 An té atá ag iarraidh a bheith atruach agus a léiríonn comhbhá
ar go leor slite, géillfidh sé do smaointe agus do ghníomhartha
a dhéanfaidh dochar dó má chliseann air agus má shantaíonn
sé maoin daoine eile.

177 Ná santaigh maoin daoine eile; is náireach an toradh
a bheidh air.

178 Ní bheidh aon laghdú ar do mhaoin féin mura santaíonn tú
forlámhas a dhéanamh ar mhaoin daoine eile.

179 Beidh slí ag maoin chun í féin a bhronnadh ar na daoine sin
a thuigeann nach ceart maoin daoine eile a shantú,
agus a chuireann an smaoineamh sin as a gceann.

180 Beidh droch-thoradh ceart ar mhaoin daoine eile a shantú
go baoth;
éireoidh go geal leis an té atá mórtasach ann féin as a leithéid sin
a sheachaint.

அதிகாரம் 19: புறங்கூறாமை

அறங்கூறான் அல்ல செயினும் ஒருவன்
புறங்கூறான் என்றல் இனிது.   181

அறனழீஇ அல்லவை செய்தலின் தீதே
புறனழீஇப் பொய்த்து நகை.   182

புறங்கூறிப் பொய்த்துயிர் வாழ்தலின் சாதல்
அறங்கூறும் ஆக்கந் தரும்.   183

கண்நின்று கண்ணறச் சொல்லினும் சொல்லற்க
முன்இன்று பின்நோக்காச் சொல்.   184

அறஞ்சொல்லும் நெஞ்சத்தான் அன்மை புறஞ்சொல்லும்
புன்மையாற் காணப் படும்.   185

பிறன்பழி கூறுவான் தன்பழி யுள்ளும்
திறன்தெரிந்து கூறப் படும்.   186

பகச்சொல்லிக் கேளிர்ப் பிரிப்பர் நகச்சொல்லி
நட்பாடல் தேற்றா தவர்.   187

துன்னியார் குற்றமும் தூற்றும் மரபினார்
என்னைகொல் ஏதிலார் மாட்டு.   188

அறன்நோக்கி ஆற்றுங்கொல் வையம் புறன்நோக்கிப்
புன்சொல் உரைப்பான் பொறை.   189

ஏதிலார் குற்றம்போல் தங்குற்றங் காண்கிற்பின்
தீதுண்டோ மன்னும் உயிர்க்கு.   190

Caibidil 19: **Seachain an chúlchaint**

181 An peacach, fiú amháin, nach mbacann le suáilceas, déanfaidh sé
 a leas gan míchlú a thabhairt ar dhuine atá as láthair.

182 Is measa ná croí an tsuáilcis a bhréagnú, agus
 drochghníomhartha a dhéanamh, straois an fhill a bheith ort
 i láthair duine agus a chlú a mhilleadh ansin agus é as láthair.

183 B'fhearr bás a fháil ná a bheith beo ar chúlghearradh
 agus ansin a bheith fimíneach; bás a fháil mar sin,
 d'fhéadfadh go mbainfeadh an tairbhe úd leis a luaitear
 sna scrioptúir mhorálta.

184 Labhairt go míbhéasach le duine os a chomhair amach,
 ní hé an rud is measa ar domhan é,
 ach ná habair focal místuama faoi agus é as láthair.

185 An té a mholann an fhíréantacht ach nach bhfuil glan
 ina chroí istigh, feicfear an duine ceart má spreagann
 an chalaois chun cúlchainte é.

186 An té a dhéanann cúlghearradh ar dhuine eile, déanfar
 cúlghearradh den sórt céanna air féin má chliseann air.

187 Tréigfidh a chairde an cúlchainteoir, ní bheidh sé in ann
 comhrá taitneamhach a dhéanamh le héinne ná cairde nua
 a bheith aige.

188 An té a bhíonn ag caitheamh anuas ar a chairde gan stad,
 samhlaigh an dochar a dhéanfadh sé do dhaoine eile.

189 Mar go bhfuil an saol tugtha don fhoighne,
 glactar le cúlchainteoirí inár measc.

190 Dá bhféachfaidís ar a gcuid lochtanna féin mar a fhéachann siad
 ar lochtanna daoine eile, ní bheadh drochrath ar éinne.

அதிகாரம் 20: பயனில சொல்லாமை

பல்லார் முனியப் பயனில சொல்லுவான் எல்லாரும் எள்ளப் படும்.	191
பயனில பல்லார்முன் சொல்லல் நயனில நட்டார்கண் செய்தலின் தீது.	192
நயனிலன் என்பது சொல்லும் பயனில பாரித் துரைக்கும் உரை.	193
நயன்சாரா நன்மையின் நீக்கும் பயன்சாராப் பண்பில்சொல் பல்லா ரகத்து.	194
சீர்மை சிறப்பொடு நீங்கும் பயனில நீர்மை யுடையார் சொலின்.	195
பயனில்சொல் பாராட்டு வானை மகன்எனல் மக்கட் பதடி யெனல்.	196
நயனில சொல்லினுஞ் சொல்லுக சான்றோர் பயனில சொல்லாமை நன்று.	197
அரும்பயன் ஆயும் அறிவினார் சொல்லார் பெரும்பயன் இல்லாத சொல்.	198
பொருள்தீர்ந்த பொச்சாந்துஞ் சொல்லார் மருள்தீர்ந்த மாசறு காட்சி யவர்.	199
சொல்லுக சொல்லிற் பயனுடைய சொல்லற்க சொல்லிற் பயனிலாச் சொல்.	200

Caibidil 20: **Caint bhaoth a sheachaint**

191   An té a mbíonn caint bhaoth uaidh, caint nach dtaitneoidh
      leis na saoithe, déanfaidh gach éinne díspeagadh air.

192   Is measa labhairt go baoth os comhair slua,
      ná drochghníomhartha a dhéanamh in aghaidh do chairde.

193   Caint chasta bhaoth a nochtann
      croí míshibhialta.

194   Labhairt go baoth gan dínit le grúpa daoine,
      is amscaí agus is ainfhíréanta, agus ní bheidh aon toradh air.

195   Caillfear meas agus dea-chlú nuair a éalóidh caint bhaoth
      ón duine lách.

196   Ná tabhair "duine" ar an té a labhraíonn go baoth;
      níl ann ach scraiste.

197   D'fhéadfadh focal mímhodhúil sciorradh ó bhéal an duine uasail
      fhoghlamtha, más gá; ach seachnaíonn sé an bhaois.

198   An duine gaoiseach, an duine atá ag iarraidh bunbhrí an uile ní
      a thuiscint, ní thiocfaidh an briathar baoth óna bhéal.

199   Iad siúd a bhfuil gaois gan cháim ag roinnt leo, agus gach aon
      saghas seachmaill sáraithe acu, ní bhacfaidh siad
      leis an bhfocal folamh, fiú gan fhios dóibh féin.

200   Labhair nuair is fiú rud éigin a rá;
      ná labhair nuair nach fiú.

அதிகாரம் 21: **தீவினையச்சம்**

தீவினையார் அஞ்சார் விழுமியார் அஞ்சுவர் தீவினை என்னும் செருக்கு.	201
தீயவை தீய பயத்தலால் தீயவை தீயினும் அஞ்சப் படும்.	202
அறிவினுள் எல்லாந் தலையென்ப தீய செறுவார்க்கும் செய்யா விடல்.	203
மறந்தும் பிறன்கேடு சூழற்க சூழின் அறஞ்சூழும் சூழ்ந்தவன் கேடு.	204
இலன்என்று தீயவை செய்யற்க செய்யின் இலனாகும் மற்றும் பெயர்த்து.	205
தீப்பால தான்பிறர்கண் செய்யற்க நோய்ப்பால தன்னை அடல்வேண்டா தான்.	206
எனைப்பகை யுற்றாரும் உய்வர் வினைப்பகை வீயாது பின்சென்று அடும்.	207
தீயவை செய்தார் கெடுதல் நிழல்தன்னை வீயாது அடிஉறைந் தற்று.	208
தன்னைத்தான் காதல னாயின் எனைத்தொன்றும் துன்னற்க தீவினைப் பால்.	209
அருங்கேடன் என்பது அறிக மருங்கோடித் தீவினை செய்யான் எனின்.	210

Caibidil 21: **Eagla roimh dhrochghníomhartha**

201 Níl aon eagla ar an bpeacach, ach an duine tréitheach
scanraíonn seachmall na ndrochghníomhartha é.

202 Drochthoradh a bhíonn ar dhrochghníomh; dá réir sin,
is scéiniúla ná tine iad ainghníomhartha.

203 Níl gníomh níos fearr i measc na ngníomhartha gaoiseacha
go léir ná gníomhartha dochracha a sheachaint fiú
in aghaidh daoine a bhfuil gráin acu ort.

204 Ná santaigh milleadh éinne, fiú gan fhios duit féin;
nó socróidh an suáilceas go bhfillfidh an feall ar an bhfeallaire.

205 Ná déan aon ní olc agus "Táim bocht" mar leithscéal agat;
níos boichte fós a bheidh tú.

206 Murar mian leat a bheith ciaptha cráite ag do choinsias,
ná déan dochar d'éinne.

207 Is féidir gach saghas naimhdis a shárú;
ach níl aon éalú ó thoradh an drochghnímh.

208 Fanann an scáil faoin troigh;
an t-olc a dhéanann an duine, leanann sé é, á chrá.

209 An té a bhfuil meas agus cion aige air féin,
ní dhéanfadh sé an drochghníomh is lú amuigh.

210 An duine atá saor ó chiapadh,
ní imíonn ón gconair cheart.

அதிகாரம் 22: ஒப்புரவறிதல்

கைம்மாறு வேண்டா கடப்பாடு மாரிமாட்டு என்ஆற்றுங் கொல்லோ உலகு.	211
தாளாற்றித் தந்த பொருளெல்லாம் தக்கார்க்கு வேளாண்மை செய்தற் பொருட்டு.	212
புத்தே ளுலகத்தும் ஈண்டும் பெறலரிதே ஒப்புரவின் நல்ல பிற.	213
ஒத்த தறிவான் உயிர்வாழ்வான் மற்றையான் செத்தாருள் வைக்கப் படும்.	214
ஊருணி நீர்நிறைந் தற்றே உலகவாம் பேரறி வாளன் திரு.	215
பயன்மரம் உள்ளூர்ப் பழுத்தற்றால் செல்வம் நயனுடை யான்கண் படின்.	216
மருந்தாகித் தப்பா மரத்தற்றால் செல்வம் பெருந்தகை யான்கண் படின்.	217
இடனில் பருவத்தும் ஒப்புரவிற்கு ஒல்கார் கடனறி காட்சி யவர்.	218
நயனுடையான் நல்கூர்ந்தா னாதல் செயும்நீர செய்யாது அமைகலா வாறு.	219
ஒப்புரவி னால்வரும் கேடெனின் அஃதொருவன் விற்றுக்கோள் தக்க துடைத்து.	220

Caibidil 22: **Eolas faoi d'áit sa saol seo**

211 Do dhualgas a dhéanamh, gan fabhar a lorg,
is geall le báisteach é;
cad is féidir don domhan a dhéanamh
chun an bháisteach a chúiteamh?

212 An cuspóir a bhaineann le do chuid airgid atá saothraithe
go dian agat ná é a chaitheamh ar an airí.

213 Sa saol seo nó sa saol eile, cá bhfaighfí aon ní níos fearr
ná an fhlaithiúlacht?

214 An té atá ar an gconair cheart, is beo dó i measc na mbeo;
i measc na marbh atá an chuid eile.

215 Saibhreas an tsaoi a bhfuil grá aige don domhan seo agus grá
ag an domhan dó,
is geall le linn phoiblí ag cur thar maoil le huisce é.

216 An mhaoin a thiteann ar an duine flaithiúil,
is geall le crann faoi ualach torthaí aibí é, i lár sráidbhaile.

217 Maoin a thiteann ar dhuine a mbaineann ardcháilíochtaí leis,
is geall le crann leighis é, foinse cógas nach dteipeann
ar an bpobal.

218 Fiú in am an ghátair, iad siúd nach seachnaíonn an fhéile,
is maith a thuigeann siad a ndualgais mhorálta.

219 Níl de bhochtaineacht ag baint leis an duine flaithiúil
ach gan a bheith ar a chumas a bheith chomh flaithiúil
is ba mhaith leis a bheith de ghnáth.

220 Cén dochar a bhaineann le féile? Caillteanas?
Is fiú an caillteanas sin a cheannach agus tú féin a dhíol chuige.

அதிகாரம் 23: ஈகை

வறியார்க்கொன்று ஈவதே ஈகைமற் றெல்லாம் குறியெதிர்ப்பை நீர துடைத்து.	221
நல்லாறு எனினும் கொளல்தீது மேலுலகம் இல்லெனினும் ஈதலே நன்று.	222
இலனென்னும் எவ்வம் உரையாமை ஈதல் குலனுடையான் கண்ணே யுள.	223
இன்னாது இரக்கப் படுதல் இரந்தவர் இன்முகங் காணும் அளவு.	224
ஆற்றுவார் ஆற்றல் பசிஆற்றல் அப்பசியை மாற்றுவார் ஆற்றலின் பின்.	225
அற்றார் அழிபசி தீர்த்தல் அஃதொருவன் பெற்றான் பொருள்வைப் புழி.	226
பாத்தூண் மரீஇ யவனைப் பசியென்னும் தீப்பிணி தீண்டல் அரிது.	227
ஈத்துவக்கும் இன்பம் அறியார்கொல் தாமுடைமை வைத்திழக்கும் வன்க ணவர்.	228
இரத்தலின் இன்னாது மன்ற நிரப்பிய தாமே தமியர் உணல்.	229
சாதலின் இன்னாத தில்லை இனிததூஉம் ஈதல் இயையாக் கடை.	230

Caibidil 23: **Carthanacht**

221 Féile is ea tabhairt do na boicht; má thugtar airgead d'éinne eile,
bítear ag súil le cúiteamh.

222 Duáilce is ea glacadh, fiú má thugtar suáilce air;
is maith í an fhéile, fiú dá ndéarfaí leis an duine fial
nach bhfuil neamh i ndán dó.

223 Is den dea-theaghlach é an té atá fial, gan a easpa maoine féin
a lua.

224 Is truamhéalach an ní é nuair a iarrann daoine déirc orainn,
go dtí go bhfeictear a mbuíochas ar a n-aghaidh.

225 Is maith é an té a dhéanann céalacan agus atá in ann an t-ocras
a fhulaingt; is fearr fós é an té atá in ann deireadh a chur
leis an ocras.

226 Ocras na mbochtán a mhaolú, is taisceadán é sin
chun maoin na ndaoine gustalacha a stóráil.

227 Galar marfach an ocrais, ní bheidh an galar sin go deo
ar an té ar gnách leis bia a roinnt le daoine eile.

228 Nach dtuigeann siad an sásamh a thugann an fhéile duit,
na cníopairí cruachroíocha úd a choinníonn greim
ar a gcuid maoine agus a chailleann ansin í?

229 Is measa ná a bheith ag iarraidh déirce é,
béile a chaitheamh leat féin d'fhonn cur le do mhaoin.

230 Is léanmhar é an bás, cinnte; ach is milis é mura mbeifeá in ann
fóirithint ar an duine easpach.

அதிகாரம் 24: **புகழ்**

ஈதல் இசைபட வாழ்தல் அதுவல்லது ஊதியம் இல்லை உயிர்க்கு.	231
உரைப்பார் உரைப்பவை எல்லாம் இரப்பார்க்கொன்று ஈவார்மேல் நிற்கும் புகழ்.	232
ஒன்றா உலகத்து உயர்ந்த புகழல்லால் பொன்றாது நிற்பதொன்று இல்.	233
நிலவரை நீள்புகழ் ஆற்றின் புலவரைப் போற்றாது புத்தேள் உலகு.	234
நத்தம்போல் கேடும் உளதாகும் சாக்காடும் வித்தகர்க் கல்லால் அரிது.	235
தோன்றின் புகழொடு தோன்றுக அஃதிலார் தோன்றலின் தோன்றாமை நன்று.	236
புகழ்பட வாழாதார் தந்நோவார் தம்மை இகழ்வாரை நோவது எவன்.	237
வசையென்ப வையத்தார்க் கெல்லாம் இசையென்னும் எச்சம் பெறாஅ விடின்.	238
வசையிலா வண்பயன் குன்றும் இசையிலா யாக்கை பொறுத்த நிலம்.	239
வசையொழிய வாழ்வாரே வாழ்வார் இசையொழிய வாழ்வாரே வாழா தவர்.	240

Caibidil 24: **Clú agus cáil**

231 Bí fial, agus bíodh an cháil sin ort; níl aon ní thairis sin
le gnóthú againn.

232 Cáil na ndaoine sin a chaitheann go fial leis na boicht,
mairfidh an cháil sin sa seanchas.

233 Ní buan d'aon ní sa saol seo
ach dea-chlú an duine aonair.

234 Má thuilleann duine dea-chlú sa saol seo de bharr croí na bó
a bheith aige, ní mholfaidh na déithe é as aon ní eile
a bheith déanta aige.

235 An duine éirimiúil amháin a thuilleann dea-cháil i lár anachaine,
cáil a mhairfidh i ndiaidh a bháis.

236 Tar ar an saol seo, más gá duit teacht, agus cáil i ndán duit,
nó ná tar ar an saol seo ar chor ar bith.

237 Iad siúd atá gan cháil, cén fáth nach gcáineann siad iad féin—
seachas lucht a gcáinte a cháineadh?

238 Déarfadh an saoi leat gur mór an náire duit gan dea-chlú
a fhágáil mar oidhreacht i do dhiaidh.

239 Seargfaidh an talamh mhéith
a chothaíonn an duine gan cháil.

240 Is beo don té a chaitheann saol gan cháim;
ní beo don té a mhaireann gan cáil a thuilleamh.

1.3 துறவறவியல்
அதிகாரம் 25: அருளுடைமை

அருட்செல்வம் செல்வத்துள் செல்வம் பொருட்செல்வம்
பூரியார் கண்ணும் உள.   241

நல்லாற்றால் நாடி அருளாள்க பல்லாற்றால்
தேரினும் அஃதே துணை.   242

அருள்சேர்ந்த நெஞ்சினார்க் கில்லை இருள்சேர்ந்த
இன்னா உலகம் புகல்.   243

மன்னுயிர் ஓம்பி அருளாள்வார்க்கு இல்லென்ப
தன்னுயிர் அஞ்சும் வினை.   244

அல்லல் அருளாள்வார்க்கு இல்லை வளிவழங்கும்
மல்லன்மா ஞாலம் கரி.   245

பொருள்நீங்கிப் பொச்சாந்தார் என்பர் அருள்நீங்கி
அல்லவை செய்தொழுகு வார்.   246

அருளில்லார்க்கு அவ்வுலகம் இல்லை பொருளில்லார்க்கு
இவ்வுலகம் இல்லாகி யாங்கு.   247

பொருளற்றார் பூப்பர் ஒருகால் அருளற்றார்
அற்றார்மற் றாதல் அரிது.   248

தெருளாதான் மெய்ப்பொருள் கண்டற்றால் தேரின்
அருளாதான் செய்யும் அறம்.   249

வலியார்முன் தன்னை நினைக்கதான் தன்னின்
மெலியார்மேல் செல்லு மிடத்து.   250

1.3 Suáilce dhiantréanach
Caibidil 25: **Atrua**

241 Is sárluachmhar é ciste na hatrua;
 d'fhéadfadh an suarachán maoin shaolta a bheith aige.

242 Lean conair an tsuáilcis agus bí atruach;
 treoróidh gach conair spioradálta thú chun na sprice sin.

243 An té a bhfuil a chroí ag cur thar maoil le hatrua,
 ní shlogfar i ndomhan dorcha uafar go deo é.

244 An duine atruach a chosnaíonn neacha eile,
 níl eagla air roimh aon ní a thitfeadh amach dó.

245 Léiríonn an domhan torthúil a bhronnann aer orainn
 le hanálú go bhfuil an duine atruach saor ó bhuairt.

246 An t-ainbheartach a thréigeann an atrua, caithfidh go bhfuil
 brí na beatha dearmadta aige, nó fágtha ina dhiaidh aige.

247 Ní leis na boicht é an saol seo; agus, mar a chéile,
 ní leis an saol eile é an dream gan atrua.

248 D'fhéadfadh go mbeadh rath fós ar an té atá gan mhaoin;
 iad siúd atá gan atrua, áfach, ní athróidh siad
 agus tá siad damanta go brách na breithe.

249 An duine gan atrua a dhéanfadh dea-ghníomh,
 is ionann é sin agus lánléargas á fháil ag duine gan ghaois.

250 Nuair a sheasann duine níos laige ná thú os do chomhair,
 smaoinigh ort féin agus tú i do sheasamh os comhair duine
 níos tréine ná thú.

அதிகாரம் 26: **புலால் மறுத்தல்**

தன்னூன் பெருக்கற்குத் தான்பிறிது ஊனுண்பான் எங்ஙனம் ஆளும் அருள்.	251
பொருளாட்சி போற்றாதார்க்கு இல்லை அருளாட்சி ஆங்கில்லை ஊன்தின் பவர்க்கு.	252
படைகொண்டார் நெஞ்சம்போல் நன்றூக்காது ஒன்றன் உடல்சுவை உண்டார் மனம்.	253
அருளல்லது யாதெனில் கொல்லாமை கோறல் பொருளல்லது அவ்வூன் தினல்.	254
உண்ணாமை உள்ளது உயிர்நிலை ஊனுண்ண அண்ணாத்தல் செய்யாது அளறு.	255
தினற்பொருட்டால் கொல்லாது உலகெனின் யாரும் விலைப்பொருட்டால் ஊன்தருவார் இல்.	256
உண்ணாமை வேண்டும் புலாஅல் பிறிதொன்றன் புண்ணது உணர்வார்ப் பெறின்.	257
செயிரின் தலைப்பிரிந்த காட்சியார் உண்ணார் உயிரின் தலைப்பிரிந்த ஊன்.	258
அவிசொரிந் தாயிரம் வேட்டலின் ஒன்றன் உயிர்செகுத் துண்ணாமை நன்று.	259
கொல்லான் புலாலை மறுத்தானைக் கைகூப்பி எல்லா உயிருந் தொழும்.	260

Caibidil 26: **Diúltú don fheoil**

251 Conas is féidir duit a bheith cineálta, agus feoil a ithe
 ó cholainn eile chun do cholainn féin a chothú?

252 An té nach bhfuil meas aige ar airgead, ní bheidh sé saibhir;
 an té a itheann feoil, ní atruach a bheidh sé.

253 Croí an duine a bhfuil feoil ite aige le fonn, is ionann é agus croí
 an té atá i gceannas ar arm: ní fhéadfadh atrua a bheith ann.

254 Cad is atrua ann, agus a mhalairt:
 gan marú a dhéanamh agus a mhalairt;
 ní suáilceach an ní é feoil a ithe a fuarthas
 de dheasca an mharaithe.

255 Chun go mairfidh speiceas, caithfear staonadh óna ithe;
 ní osclóidh ifreann a bhéal chun an feoiliteoir
 a chaitheamh amach.

256 Ní bheidh éinne ann a dhíolfadh feoil ar mhaithe
 le teacht isteach,
 má éiríonn daoine as marú a dhéanamh chun greim
 a chur ina mbéal.

257 Feoil is ea colainn éigin a goineadh;
 tuig sin agus stop á hithe.

258 An duine gaoiseach gan cháim, ní íosfadh sé colainn
 ar sciobadh an bheatha uaithi.

259 Staonadh ón marú agus ó fheoil mharbh a ithe,
 is fearr sin ná míle deasghnáth a dhéanamh, míle ofráil.

260 An té nach ndéanann marú agus a dhiúltaíonn don fheoil,
 déanfar é a mhóradh go buíoch beannachtach.

அதிகாரம் 27: தவம்

உற்றநோய் நோன்றல் உயிர்க்குறுகண் செய்யாமை அற்றே தவத்திற் குரு.	261
தவமும் தவமுடையார்க்கு ஆகும் அவமதனை அஃதிலார் மேற்கொள் வது.	262
துறந்தார்க்குத் துப்புரவு வேண்டி மறந்தார்கொல் மற்றை யவர்கள் தவம்.	263
ஒன்னார்த் தெறலும் உவந்தாரை ஆக்கலும் எண்ணின் தவத்தான் வரும்.	264
வேண்டிய வேண்டியாங் கெய்தலால் செய்தவம் ஈண்டு முயலப் படும்.	265
தவஞ்செய்வார் தங்கருமஞ் செய்வார்மற் றல்லார் அவஞ்செய்வார் ஆசையுட் பட்டு.	266
சுடச்சுடரும் பொன்போல் ஒளிவிடும் துன்பஞ் சுடச்சுட நோற்கிற் பவர்க்கு.	267
தன்னுயிர் தான்அறப் பெற்றானை ஏனைய மன்னுயி ரெல்லாந் தொழும்.	268
கூற்றம் குதித்தலும் கைகூடும் நோற்றலின் ஆற்றல் தலைப்பட் டவர்க்கு.	269
இலர்பல ராகிய காரணம் நோற்பார் சிலர்பலர் நோலா தவர்.	270

Caibidil 27: **Saol gan só**

261 Cur suas le crá agus gan éinne eile a chrá,
sin is saol gan só a chaitheamh.

262 Tá ciall le saol gan só a chaitheamh i gcás daoine suáilceacha
amháin; ní haon mhaith é i gcás daoine eile.

263 An d'fhonn cuidiú leis an duine diantréanach é atá saol gan só
dearmadta ag an gcuid eile?

264 Dá mba áil leis é, d'fhéadfadh an duine diantréanach an té
a dhéanfadh dochar dó a bhascadh, nó an té is aoibhinn
leis a uaisliú.

265 Tabhair faoin saol gan só chomh luath in Éirinn agus is féidir,
óir cuirfidh sé ar do chumas aon ní is mian leat a bhaint amach.

266 Do dhualgas a dhéanamh is ea saol gan só a chaitheamh;
bíonn daoine eile gafa le tascanna gan bhrí,
gafa ag a gcuid mianta.

267 Faoi mar a chuireann lasair an t-ór ag lonrú níos mó
agus níos mó, cuideoidh an phian leo siúd a chaitheann saol
gan só chun léargas a fháil orthu féin.

268 Mórfaidh cách an té nach cuid dá fhoclóir a thuilleadh é,
"Mise, mé féin."

269 An té a chaitheann saol gan só, beidh ar a chumas an bás
a chur ar an méar fhada.

270 Is beag duine a chaitheann saol gan só, is líonmhar iad
an dream nach ndéanann; mar sin, is líonmhar iad na boicht,
is tearc é líon na ndaoine saibhre.

அதிகாரம் 28: கூடா ஒழுக்கம்

வஞ்ச மனத்தான் படிற்றொழுக்கம் பூதங்கள்
ஐந்தும் அகத்தே நகும். 271

வானுயர் தோற்றம் எவன்செய்யும் தன்னெஞ்சம்
தான்அறி குற்றப் படின். 272

வலியில் நிலைமையான் வல்லுருவம் பெற்றம்
புலியின்தோல் போர்த்துமேய்ந் தற்று. 273

தவமறைந்து அல்லவை செய்தல் புதல்மறைந்து
வேட்டுவன் புள்சிமிழ்த் தற்று. 274

பற்றற்றேம் என்பார் படிற்றொழுக்கம் எற்றெற்றென்று
ஏதம் பலவுந் தரும். 275

நெஞ்சில் துறவார் துறந்தார்போல் வஞ்சித்து
வாழ்வாரின் வன்கணார் இல். 276

புறங்குன்றி கண்டனைய ரேனும் அகங்குன்றி
மூக்கிற் கரியார் உடைத்து. 277

மனத்தது மாசாக மாண்டார் நீராடி
மறைந்தொழுகு மாந்தர் பலர். 278

கணைகொடிது யாழ்கோடு செவ்விதுஆங் கன்ன
வினைபடு பாலால் கொளல். 279

மழித்தலும் நீட்டலும் வேண்டா உலகம்
பழித்தது ஒழித்து விடின். 280

Caibidil 28: **Mí-ionracas**

271 Déanfaidh na cúig dúile sa duine magadh faoi iompar sleamhain
na haigne fealltaí.

272 Cad is fiú go molfaí chun na spéartha thú,
má tá a fhios agat féin go bhfuil an t-olc i do chroí.

273 Duine a bhfuil croí lag ann, agus a chuireann cuma an ghaiscígh
air féin, is geall le bó ar iníor é a mbeadh craiceann tíogair
uirthi.

274 Duine a dhéanfadh ainghníomhartha agus é ag ligean air
gur duine diantréanach é, is geall le foghlaeir é a rachadh
i bhfolach sna sceacha chun breith ar éanlaith.

275 Iad siúd a mhaíonn go bhfuil siad éirithe as mianta ábhartha
a bheith acu, agus a iompraíonn iad féin go mí-ionraic,
leanfaidh fulaingt a leithéid agus féintrua ina dhiaidh sin.

276 Níl éinne níos measa ná an té a ligeann air a bheith
ina dhuine diantréanach,
nuair nár dhiúltaigh a chroí dá mhianta.

277 Tá daoine ann agus fiú más lonrach ar an taobh amuigh iad,
mar phiseánach paidríneach, dubh atá siad ina gcroí,
mar shrón an phiseánaigh sin.

278 Is iomaí duine a thumann é féin san abhainn, agus ba dhóigh leat
gur naoimh a bhí iontu ach go bhfuil croí lofa á cheilt acu.

279 Ar a ghníomhartha is ceart duine a mheas:
is marfach í an tsaighead dhíreach, is binn í an liúit cham.

280 Ní riachtanas é do cheann a lomadh, ná dlaoithe fada a fhás,
má sheachnaítear na gníomhartha sin is gráin leis an saol.

அதிகாரம் 29: *கள்ளாமை*

எள்ளாமை வேண்டுவான் என்பான் எனைத்தொன்றும்
கள்ளாமை காக்கதன் நெஞ்சு.   281

உள்ளத்தால் உள்ளலும் தீதே பிறன்பொருளைக்
கள்ளத்தால் கள்வேம் எனல்.   282

களவினால் ஆகிய ஆக்கம் அளவிறந்து
ஆவது போலக் கெடும்.   283

களவின்கண் கன்றிய காதல் விளைவின்கண்
வீயா விழுமம் தரும்.   284

அருள்கருதி அன்புடைய ராதல் பொருள்கருதிப்
பொச்சாப்புப் பார்ப்பார்கண் இல்.   285

அளவின்கண் நின்றொழுகல் ஆற்றார் களவின்கண்
கன்றிய காத லவர்.   286

களவென்னும் காரறி வாண்மை அளவென்னும்
ஆற்றல் புரிந்தார்கண் இல்.   287

அளவறிந்தார் நெஞ்சத் தறம்போல நிற்கும்
களவறிந்தார் நெஞ்சில் கரவு.   288

அளவல்ல செய்தாங்கே வீவர் களவல்ல
மற்றைய தேற்றா தவர்.   289

கள்வார்க்குத் தள்ளும் உயிர்நிலை கள்ளார்க்குத்
தள்ளாது புத்தே ளுலகு.   290

Caibidil 29: **Smaointe calaoiseacha a sheachaint**

281   Murar mian leat go ndéanfaí ceap magaidh díot,
        cosain do chroí ar smaointe calaoiseacha.

282   Is olc an ní é smaoineamh fiú amháin ar an gcalaois:
        smaointe cama faoi shealúchas daoine eile, abair.

283   Borrfaidh an saibhreas a fhaightear trí chalaois,
        ach sáróidh sé a theorainn agus pléascfaidh.

284   Bheith tugtha don chalaois, níl de thoradh air ach anachain
        nach féidir a leigheas.

285   Níl tuiscint don ghrá, grá atá spreagtha ag an atrua,
        ag an té a bhíonn ag faire ar a sheans chun maoin duine eile
        a sciobadh dá gclisfeadh air siúd i gcúrsaí gnó.

286   Sáróidh duine teorainn an réasúin má tá sé róthugtha
        don chalaois.

287   Ní dóibh siúd a thuigeann teorainn an réasúin agus
        na moráltachta í an éirim cheoch is gá le haghaidh na calaoise.

288   Luíonn an chalaois i gcroí an duine mhí-ionraic
        faoi mar a luíonn an fhíréantacht i gcroí an té a ghníomhaíonn
        laistigh de theorainneacha.

289   An té nach bhfuil máistreacht aige ar aon ní eile seachas
        ar an gcalaois,
        sáróidh sé gach teorainn agus titfidh ar an toirt.

290   Teipfidh a cholainn bheo ar an duine calaoiseach;
        iad siúd a sheachnaíonn an chalaois,
        ní dhúnfar geataí na bhflaitheas orthu.

அதிகாரம் 30: வாய்மை

வாய்மை எனப்படுவது யாதெனின் யாதொன்றும் தீமை இலாத சொலல்.	291
பொய்மையும் வாய்மை யிடத்த புரைதீர்ந்த நன்மை பயக்கும் எனின்.	292
தன்நெஞ் சறிவது பொய்யற்க பொய்த்தபின் தன்நெஞ்சே தன்னைச் சுடும்.	293
உள்ளத்தாற் பொய்யா தொழுகின் உலகத்தார் உள்ளத்து ளெல்லாம் உளன்.	294
மனத்தொடு வாய்மை மொழியின் தவத்தொடு தானஞ்செய் வாரின் தலை.	295
பொய்யாமை அன்ன புகழில்லை எய்யாமை எல்லா அறமுந் தரும்.	296
பொய்யாமை பொய்யாமை ஆற்றின் அறம்பிற செய்யாமை செய்யாமை நன்று.	297
புறந்தூய்மை நீரான் அமையும் அகந்தூய்மை வாய்மையால் காணப் படும்.	298
எல்லா விளக்கும் விளக்கல்ல சான்றோர்க்குப் பொய்யா விளக்கே விளக்கு.	299
யாமெய்யாக் கண்டவற்றுள் இல்லை எனைத்தொன்றும் வாய்மையின் நல்ல பிற.	300

Caibidil 30: **Fírinneacht**

291 Is é is fírinne ann ná briathra a labhairt
nach ndéanfaidh dochar d'éinne.

292 An bhréag féin tá sí chomh maith leis an bhfírinne,
más sochar gan cháim an toradh a bheadh uirthi.

293 Ná hinis bréag go feasach; bréag mar sin a insint,
agus ciapfaidh do choinsias féin thú.

294 An té a dtreoraíonn a chroí é, mairfidh sé gan bréaga a insint,
is mairfidh sé go deo i gcroí gach n-aon.

295 An té a insíonn an fhírinne i gcónaí le croí mór maith,
chun tosaigh atá sé ar an duine diantréanach carthanach.

296 Níl cáil níos mó a thuillfeá ná an cháil a leanann bréaga
a sheachaint; bealach gan stró chun an tsuáilcis is ea é.

297 Is méanar don té a sheachnaíonn an bhréag;
ní gá dó aon dea-ghníomh eile a dhéanamh.

298 Le huisce a ghlantar an taobh amuigh;
léiriú ar ghlaine istigh í an fhírinneacht.

299 Níl gach aon lampa ina lampa; dar leis an scoláire uasal,
fíorlampa an lánléargais í an fhírinneacht.

300 Ar na nithe foirfe go léir a bhfuil cur amach againn orthu,
níor sáraíodh riamh an fhírinneacht.

அதிகாரம் 31: வெகுளாமை

செல்லிடத்துக் காப்பான் சினங்காப்பான் அல்லிடத்துக்
காக்கின்என் காவாக்கால் என்.   301

செல்லா இடத்துச் சினந்தீது செல்லிடத்தும்
இல்அதனின் தீய பிற.   302

மறத்தல் வெகுளியை யார்மாட்டும் தீய
பிறத்தல் அதனான் வரும்.   303

நகையும் உவகையும் கொல்லும் சினத்தின்
பகையும் உளவோ பிற.   304

தன்னைத்தான் காக்கின் சினங்காக்க காவாக்கால்
தன்னையே கொல்லுஞ் சினம்.   305

சினமென்னும் சேர்ந்தாரைக் கொல்லி இனமென்னும்
ஏமப் புணையைச் சுடும்.   306

சினத்தைப் பொருளென்று கொண்டவன் கேடு
நிலத்தறைந்தான் கைபிழையா தற்று.   307

இணர்எரி தோய்வன்ன இன்னா செயினும்
புணரின் வெகுளாமை நன்று.   308

உள்ளிய தெல்லாம் உடனெய்தும் உள்ளத்தால்
உள்ளான் வெகுளி எனின்.   309

இறந்தார் இறந்தார் அனையர் சினத்தைத்
துறந்தார் துறந்தார் துணை.   310

Caibidil 31: **Fearg a sheachaint**

301 Coinnigh smacht ar an bhfearg más dochar a toradh;
nuair nach dochar an toradh, nach cuma sa riach ligean
don racht nó gan ligean dó?

302 Baineann dochar le fearg, fiú nuair nach mbíonn éifeacht léi;
nuair a bhíonn éifeacht léi, níl aon ní níos measa ná í.

303 Más i bhfeirg le duine atá tú, cealaigh an fhearg sin;
dochar amháin a éiríonn as fearg.

304 An bhfuil namhaid níos mó ná an fhearg ann?
Milleann sí an meangadh gáire is an lúcháir.

305 Más mian leat tú féin a chosaint, bíodh smacht agat ar an
bhfearg, ar eagla do mhillte.

306 Ní hamháin go bhfuil do mhilleadh féin san fhearg,
dófar an bád tarrthála arb í do mhuintir féin í.

307 An té a mbaineann an fhearg leis mar thréith,
leagfar é chomh cinnte is a bhuailfeá an talamh le do lámh.

308 Fiú dá gcuirfeadh gníomh dochrach olc ort,
agus go mbeadh tine ilteangach do do loscadh,
ná lig amach do racht.

309 An croí nach bhfuil fearg ann, tá sé in ann a mhianta a shásamh
ar an toirt.

310 Má ghéilleann tú don fhearg, tá tú ionann is a bheith marbh;
is geall le naomh é an té a bhfuil an fhearg curtha de aige.

அதிகாரம் 32: இன்னா செய்யாமை

சிறப்பீனும் செல்வம் பெறினும் பிறர்க்குஇன்னா
செய்யாமை மாசற்றார் கோள். 311

கறுத்துஇன்னா செய்தவக் கண்ணும் மறுத்துஇன்னா
செய்யாமை மாசற்றார் கோள். 312

செய்யாமல் செற்றார்க்கும் இன்னாத செய்தபின்
உய்யா விழுமந் தரும். 313

இன்னாசெய் தாரை ஒறுத்தல் அவர்நாண
நன்னயம் செய்து விடல். 314

அறிவினான் ஆகுவ துண்டோ பிறிதின்நோய்
தந்நோய்போல் போற்றாக் கடை. 315

இன்னா எனத்தான் உணர்ந்தவை துன்னாமை
வேண்டும் பிறன்கண் செயல். 316

எனைத்தானும் எஞ்ஞான்றும் யார்க்கும் மனத்தானாம்
மாணாசெய் யாமை தலை. 317

தன்னுயிர்க்கு இன்னாமை தானறிவான் என்கொலோ
மன்னுயிர்க்கு இன்னா செயல். 318

பிறர்க்குஇன்னா முற்பகல் செய்யின் தமக்குஇன்னா
பிற்பகல் தாமே வரும். 319

நோயெல்லாம் நோய்செய்தார் மேலவாம் நோய்செய்யார்
நோயின்மை வேண்டு பவர். 320

Caibidil 32: **Gníomhartha dochracha a sheachaint**

311 Fiú más glóir agus rachmas an toradh a bheadh air,
conair phrionsabálta an duine gan cháim é
gan dochar a dhéanamh d'éinne eile.

312 Conair phrionsabálta an duine gan chaim é
gan dochar a dhéanamh do dhuine a dhein dochar duitse,
le teann cuthaigh.

313 Fulaingt gan teorainn a leanfadh dochar a dhéanamh
do dhuine a chuirfeadh olc orainn gan chúis.

314 An tslí is fearr chun pionós a chur orthu siúd a dhein dochar dúinn
ná iad a náiriú le dea-ghníomh.

315 Cad is fiú a bheith gaoiseach, mura bhféachfá
ar thrioblóid daoine eile mar do chuid trioblóidí féin?

316 Seachain gníomh a dhéanamh in aghaidh duine éigin
ar gníomh é, dar leat, a dhéanfadh dochar duit féin.

317 Ná déan gníomh dochrach, más beag féin é, in aghaidh duine
ar bith, uair ar bith, i bhfios nó gan fhios duit.

318 Cén fáth cur isteach ar dhaoine eile,
agus a fhios agat go ngortódh sé tú féin?

319 Feall na maidine,
fillfidh sé ort tráthnóna as a stuaim féin.

320 Déan dochar do dhaoine eile is déanfaidh tú dochar duit féin;
dá réir sin, an té nach mian leis go ndéanfaí dochar dó,
ní dhéanfaidh sé dochar d'éinne eile.

அதிகாரம் 33: கொல்லாமை

அறவினை யாதெனில் கொல்லாமை கோறல்
பிறவினை எல்லாந் தரும். 321

பகுத்துண்டு பல்லுயிர் ஓம்புதல் நூலோர்
தொகுத்தவற்றுள் எல்லாந் தலை. 322

ஒன்றாக நல்லது கொல்லாமை மற்றுஅதன்
பின்சாரப் பொய்யாமை நன்று. 323

நல்லாறு எனப்படுவது யாதெனின் யாதொன்றும்
கொல்லாமை சூழும் நெறி. 324

நிலைஅஞ்சி நீத்தாருள் எல்லாம் கொலைஅஞ்சிக்
கொல்லாமை சூழ்வான் தலை. 325

கொல்லாமை மேற்கொண் டொழுகுவான் வாழ்நாள்மேல்
செல்லாது உயிருண்ணுங் கூற்று. 326

தன்னுயிர் நீப்பினும் செய்யற்க தான்பிறிது
இன்னுயிர் நீக்கும் வினை. 327

நன்றாகும் ஆக்கம் பெரிதெனினும் சான்றோர்க்குக்
கொன்றாகும் ஆக்கம் கடை. 328

கொலைவினைய ராகிய மாக்கள் புலைவினையர்
புன்மை தெரிவா ரகத்து. 329

உயிர்உடம்பின் நீக்கியார் என்ப செயிர்உடம்பின்
செல்லாத்தீ வாழ்க்கை யவர். 330

Caibidil 33: **Gan aon neach beo a mharú**

321 Cad is gníomh fíréanta ann? Gan marú a dhéanamh.
     Tús gach oilc é an marú.

322 Bia a roinnt agus aire a thabhairt do gach ní beo,
     sin bun agus barr an tsuáilcis de réir na scrioptúr go léir.

323 Níl suáilce níos mó ann ná gan marú a dhéanamh;
     b'fhiú go mór cur leis sin agus gan bréag a insint.

324 Cad is conair fhoirfe ann? Cloí leis an bprionsabal sin
     a deir gan aon neach a mharú.

325 Orthu siúd go léir ar gráin leo an bheatha shaolta, is a chuaigh
     le díthreabhacht, is iad is fearr amuigh ná an dream
     a bhfuil eagla orthu roimh mharú agus a sheachnaíonn é.

326 Ní bheadh de dhánacht ag an mbás satailt ar an té
     a chloíonn leis an bprionsabal gan aon neach beo a mharú.

327 Dá gcaillfeá do bheatha féin,
     ná déan éinne eile a ídiú.

328 Fiú dá leanfadh sochar mór maoin mhór, is gráin leis an duine
     tréitheach an mhaoin sin a eascraíonn as beatha a íobairt.

329 Más léir duit an bhaois a bhaineann leis, is jab lofa atá ar siúl
     ag na gamail allta úd atá bainteach le gairm mharfach ar bith.

330 Iad siúd atá leice lofa lagbhríoch agus in umar na haimléise,
     caithfidh gur marfóirí ab ea iad roimhe seo.

அதிகாரம் 34: நிலையாமை

நில்லாத வற்றை நிலையின என்றுணரும்
புல்லறி வாண்மை கடை. 331

கூத்தாட்டு அவைக்குழாத் தற்றே பெருஞ்செல்வம்
போக்கும் அதுவிளிந் தற்று. 332

அற்கா இயல்பிற்றுச் செல்வம் அதுபெற்றால்
அற்குப ஆங்கே செயல். 333

நாளென ஒன்றுபோல் காட்டி உயிர்ஈரும்
வாளது உணர்வார்ப் பெறின். 334

நாச்செற்று விக்குள்மேல் வாராமுன் நல்வினை
மேற்சென்று செய்யப் படும். 335

நெருநல் உளனொருவன் இன்றில்லை என்னும்
பெருமை உடைத்துஇவ் வுலகு. 336

ஒருபொழுதும் வாழ்வது அறியார் கருதுப
கோடியும் அல்ல பல. 337

குடம்பை தனித்துஒழியப் புள்பறந் தற்றே
உடம்போடு உயிரிடை நட்பு. 338

உறங்கு வதுபோலும் சாக்காடு உறங்கி
விழிப்பது போலும் பிறப்பு. 339

புக்கில் அமைந்தின்று கொல்லோ உடம்பினுள்
துச்சில் இருந்த உயிர்க்கு. 340

Caibidil 34: **Neamhbhuaine**

331 Bómántacht amach is amach is ea é dá gceapfá
go mairfidh nithe neamhbhuana go brách.

332 Bailíonn brobh beart—mar a bhailíonn daoine isteach
in amharclann;
scaipeann an slua nuair a thagann deireadh leis an dráma.

333 Ní buan don rachmas: má thagann sé i do threo, bain leas as
chun gníomh fónta a dhéanamh, gníomh a mhairfidh.

334 Tuigeann an duine gaoiseach an méid seo: an tAm,
á chur féin in iúl i bhfoirm laethanta, claíomh is ea é
agus an saol á ghearradh aige.

335 Sula mbí glothar an bháis ann is do theanga gan mhaith,
déan deifir chun dea-ghníomh a dhéanamh.

336 Maireann an bláth ar an bhfál, ach ní mhaireann an lámh
a chuir: sin é an saol.

337 Níl a fhios acu an mairfidh siad soicind eile,
ach coinníonn siad breis is billiún smaoineamh ina gceann.

338 Briseann gearrcach amach as an ubh,
fágann an bhlaosc ina dhiaidh;
is é an dála céanna ag an anam é nuair a scarann
leis an gcolainn.

339 Is ionann bás agus dul chun suain;
is ionann breith agus dúiseacht as an suan.

340 An bhfuil buanáras ag an anam?
Tugann an cholainn dídean dó.

அதிகாரம் 35: **துறவு**

யாதனின் யாதனின் நீங்கியான் நோதல் அதனின் அதனின் இலன்.	341
வேண்டின்உண் டாகத் துறக்க துறந்தபின் ஈண்டுஇயர் பால பல.	342
அடல்வேண்டும் ஐந்தன் புலத்தை விடல்வேண்டும் வேண்டிய எல்லாம் ஒருங்கு.	343
இயல்பாகும் நோன்பிற்கொன்று இன்மை உடைமை மயலாகும் மற்றும் பெயர்த்து.	344
மற்றும் தொடர்ப்பாடு எவன்கொல் பிறப்பறுக்கல் உற்றார்க்கு உடம்பும் மிகை.	345
யான்எனது என்னும்செருக்கு அறுப்பான் வானோர்க்கு உயர்ந்த உலகம் புகும்.	346
பற்றி விடாஅ இடும்பைகள் பற்றினைப் பற்றி விடாஅ தவர்க்கு.	347
தலைப்பட்டார் தீரத் துறந்தார் மயங்கி வலைப்பட்டார் மற்றை யவர்.	348
பற்றற்ற கண்ணே பிறப்பறுக்கும் மற்று நிலையாமை காணப் படும்.	349
பற்றுக பற்றற்றான் பற்றினை அப்பற்றைப் பற்றுக பற்று விடற்கு.	350

Caibidil 35: **Staonadh**

341 Staon ó rud éigin,
     agus ní fhulaingeoidh tú dá cheal.

342 Is iontach iad pléisiúir an domhain seo tar éis duit staonadh;
     má tá siad uait, staon uair ar bith is féidir leat.

343 Chun staonadh ó na nithe is mian leat,
     ní mór duit na cúig céadfaí a shárú.

344 Gan faic a bheith agat, sin is diantréanas ann;
     éadáil a fháil agus imeoidh tú uaidh.

345 An duine diantréanach ar mhaith leis faoiseamh a fháil
     ón athbhreith, is ualach rómhór air a cholainn féin.

346 An té a scarann leis an mbaois sin ar a dtugtar "Mise" agus
     "Liomsa" bainfidh sé áit amach atá níos fearr ná parthas.

347 Fanfaidh an ainnise amach
     ón té a staonann ón dúil.

348 Ar aghaidh leo, an dream sin a dhéanann staonadh iomlán:
     meallar a thuilleadh agus bíonn siad gafa sa líon.

349 Ní go dtí go mbristear gach ceangal a bhrisfear slabhra na beatha
     agus an bháis;
     ní bithbhuan d'aon ní níos lú ná sin.

350 Lean Dia, nach leanann éinne,
     i dtreo is nach leanfá aon ní eile.

அதிகாரம் 36: **மெய்யுணர்தல்**

பொருளல்ல வற்றைப் பொருளென்று உணரும் மருளானாம் மாணாப் பிறப்பு.	351
இருள்நீங்கி இன்பம் பயக்கும் மருள்நீங்கி மாசறு காட்சி யவர்க்கு.	352
ஐயத்தின் நீங்கித் தெளிந்தார்க்கு வையத்தின் வானம் நணிய துடைத்து.	353
ஐயுணர்வு எய்தியக் கண்ணும் பயமின்றே மெய்யுணர்வு இல்லா தவர்க்கு.	354
எப்பொருள் எத்தன்மைத் தாயினும் அப்பொருள் மெய்ப்பொருள் காண்பது அறிவு.	355
கற்றீண்டு மெய்ப்பொருள் கண்டார் தலைப்படுவர் மற்றீண்டு வாரா நெறி.	356
ஓர்த்துள்ளம் உள்ளது உணரின் ஒருதலையாப் பேர்த்துள்ள வேண்டா பிறப்பு.	357
பிறப்பென்னும் பேதைமை நீங்கச் சிறப்பென்னும் செம்பொருள் காண்பது அறிவு.	358
சார்புணர்ந்து சார்பு கெடஒழுகின் மற்றழித்துச் சார்தரா சார்தரு நோய்.	359
காமம் வெகுளி மயக்கம் இவைமூன்றன் நாமம் கெடக்கெடும் நோய்.	360

Caibidil 36: **An fhírinne a thuiscint**

351 Saol amú é saol gan scrúdú.

352 Tiocfaidh an lúcháir in áit an dorchadais,
    nuair a bheidh fís gan cháim in áit an tseachmaill.

353 Iad siúd a bhfuil creideamh acu, agus an ruaig ar fad curtha acu
    ar an amhras,
    is cóngaraí na flaithis dóibh ná an domhan.

354 Ní fiú na cúig céadfaí a shárú
    mura dtuigtear cad is fírinne ann.

355 Tá a nádúr féin ag gach aon ní;
    is é is gaois ann ná an nádúr sin a thuiscint.

356 Iad siúd a thuigeann i gceart fíornádúr an domhain seo abhus,
    aimseoidh siad an chonair sin nach dtabharfaidh ar ais anseo iad.

357 An aigne a dheimhníonn cad is fírinne ann,
    tar éis machnamh a dhéanamh ar an scéal,
    ní smaoineodh an aigne sin ar athbhreith.

358 Chun go n-imeodh baois na breithe, faigh tuiscint
    ar na fírinní bunaidh sin a bhfuil fíorthábhacht leo.

359 Ár gcuid mianta a thuiscint, agus éirí astu,
    sin an tslí chun imní a scaipeadh, an imní a éiríonn as na mianta
    sin.

360 Mair i dtreo is nach ann níos mó do na lipéid sin—
    dúil, fearg, is ainbhios;
    cuirfear deireadh lena n-iarmhairtí ansin.

அதிகாரம் 37: அவா அறுத்தல்

அவாஎன்ப எல்லா உயிர்க்கும்எஞ் ஞான்றும்
தவாஅப் பிறப்பீனும் வித்து.   361

வேண்டுங்கால் வேண்டும் பிறவாமை மற்றது
வேண்டாமை வேண்ட வரும்.   362

வேண்டாமை அன்ன விழுச்செல்வம் ஈண்டில்லை
யாண்டும் அஃதொப்பது இல்.   363

தூஉய்மை என்பது அவாவின்மை மற்றது
வாஅய்மை வேண்ட வரும்.   364

அற்றவர் என்பார் அவாஅற்றார் மற்றையார்
அற்றாக அற்றது இலர்.   365

அஞ்சுவ தோரும் அறனே ஒருவனை
வஞ்சிப்ப தோரும் அவா.   366

அவாவினை ஆற்ற அறுப்பின் தவாவினை
தான்வேண்டு மாற்றான் வரும்.   367

அவாஇல்லார்க் கில்லாகுந் துன்பம்அஃ துண்டேல்
தவாஅது மேன்மேல் வரும்.   368

இன்பம் இடையறா தீண்டும் அவாவென்னும்
துன்பத்துள் துன்பங் கெடின்.   369

ஆரா இயற்கை அவாநீப்பின் அந்நிலையே
பேரா இயற்கை தரும்.   370

Caibidil 37: **Éirí as mianta**

361 An síol is cúis le breith i ndiaidh breithe,
gan teip, gach áit, ná dúil.

362 Más mian leat aon ní a shantú, santaigh saoirse ón mbreith;
conair eile chun na saoirse is ea go santófá gan aon mhianta
a bheith agat.

363 Níl maoin níos fearr sa saol seo ná easpa dúile;
níl a cómhaith ann aon áit faoin spéir.

364 Is é is íonacht ann ná easpa dúile;
is féidir teacht ar an íonacht ach an fhírinne a lorg.

365 Iad siúd atá éirithe as mianta a bheith acu, sin iad na séantóirí;
ní séantóirí i gceart iad na daoine sin atá éirithe as gach ní eile
seachas a gcuid mianta.

366 Gaiste mealltach í an dúil;
a sheachaint is suáilceach.

367 Is féidir gníomhartha gan cháim a chur i gcrích,
nuair atá deireadh go deo le dúil.

368 An té atá gan dúil, gan imní atá sé;
i gcás daoine eile, is ainnise i ndiaidh ainnise acu é.

369 Nuair a chuirtear deireadh le dúil—ní hainnise go dtí í—
níl fágtha ach lúcháir gan teorainn.

370 Aoibhneas síoraí a leanann
na mianta doshásta a chloí.

1.4 ஊழியல்
அதிகாரம் 38: ஊழ்

ஆகூழால் தோன்றும் அசைவின்மை கைப்பொருள் போகூழால் தோன்றும் மடி.	371
பேதைப் படுக்கும் இழவூழும் அறிவகற்றும் ஆகலூழ் உற்றக் கடை.	372
நுண்ணிய நூல்பல கற்பினும் மற்றுந்தன் உண்மை யறிவே மிகும்.	373
இருவேறு உலகத்து இயற்கை திருவேறு தெள்ளிய ராதலும் வேறு.	374
நல்லவை எல்லாஅந் தீயவாம் தீயவும் நல்லவாம் செல்வம் செயற்கு.	375
பரியினும் ஆகாவாம் பாலல்ல உய்த்துச் சொரியினும் போகா தம.	376
வகுத்தான் வகுத்த வகையல்லால் கோடி தொகுத்தார்க்கும் துய்த்தல் அரிது.	377
துறப்பார்மன் துப்புர வில்லார் உறற்பால ஊட்டா கழியும் எனின்.	378
நன்றாங்கால் நல்லவாக் காண்பவர் அன்றாங்கால் அல்லற் படுவ தெவன்.	379
ஊழிற் பெருவலி யாவுள மற்றொன்று சூழினுந் தான்முந் துறும்.	380

1.4 Cinniúint
Caibidil 38: **Cinniúint**

371 Cruthaíonn cinniúint dhearfach saothar gan stad a n-eascraíonn saibhreas as;
cruthaíonn cinniúint dhiúltach leisce.

372 Maolú ar an éirim aigne í an chinniúint urchóideach;
agus, dá réir sin, géarú ar an éirim chéanna í an chinniúint neamhurchóideach.

373 Fiú más as scoth na leabhar a thagann eolas,
is treise dúchas ná oiliúint.

374 Tá dhá dhúchas éagsúla ann:
claonadh chun saibhris is claonadh chun gaoise;
agus níl comhchoibhneas ar bith eatarthu.

375 Agus duine sa tóir ar mhaoin, d'fhéadfadh gné dhearfach iompú ina gné dhiúltach;
agus gné dhiúltach dearfach.

376 An rud nach mbronnann an chinniúint ort,
coinnigh é ach ní fhanfaidh sé leat;
an rud a bhronnann an chinniúint ort,
ní féidir é a chailliúint fiú má chaitheann tú uait é.

377 D'fhéadfá a bheith chomh saibhir le Déamar,
ach bíonn duine á rá is Dia á dhéanamh.

378 An té nach bhfuil faic aige fiú amháin,
diúltóidh sé dá mhianta chun ciapadh a sheachaint.

379 Cén fáth a mbeifeá gearánach mar gheall ar an gcinniúint
is cúis leis an ainnise,
nuair a bhaintear taitneamh as maitheasaí an tsaoil gan gearán a dhéanamh?

380 An bhfuil aon ní níos treise ná an chinniúint? Bíonn an lámh
in uachtar aici, ainneoin ár gcuid iarrachtaí chun cur ina coinne.

பால் 2
பொருட்பால்

2.1 அரசியல்
அதிகாரம் 39: இறைமாட்சி

படைகுடி கூழ்அமைச்சு நட்பரண் ஆறும் உடையான் அரசருள் ஏறு.	381
அஞ்சாமை ஈகை அறிவூக்கம் இந்நான்கும் எஞ்சாமை வேந்தர்க் கியல்பு.	382
தூங்காமை கல்வி துணிவுடைமை இம்மூன்றும் நீங்கா நிலனாள் பவர்க்கு.	383
அறனிழுக்கா தல்லவை நீக்கி மறனிழுக்கா மானம் உடைய தரசு.	384
இயற்றலும் ஈட்டலுங் காத்தலும் காத்த வகுத்தலும் வல்ல தரசு.	385
காட்சிக் கெளியன் கடுஞ்சொல்லன் அல்லனேல் மீக்கூறும் மன்னன் நிலம்.	386
இன்சொலால் ஈத்தளிக்க வல்லார்க்குத் தன்சொலால் தான்கண் டனைத்திவ் வுலகு.	387
முறைசெய்து காப்பாற்றும் மன்னவன் மக்கட்கு இறையென்று வைக்கப் படும்.	388

Leabhar 2
Maoin

2.1 Ríochas
Caibidil 39: **Cáilíochtaí an cheannaire**

381 Leon i measc ríthe é an té a bhfuil na sé rudaí seo aige: arm, pobal, acmhainní, comhairleoirí, cairde agus daingin.

382 Buantréithe a mbítear ag súil leo ón rí is ea neamheagla, féile, gaois agus gus.

383 Airdeall, léann agus misneach: ní thréigfidís go deo an rialtóir cumasach.

384 Gan claonadh ón bhfíréantacht is ón gceart, modhúil mánla misniúil, duáilcí á seachaint aige.

385 Straitéiseach i mbun teacht isteach a thuilleamh, a thaisceadh agus a dháileadh.

386 Tabharfar adhmholadh don rialtóir nach bhfuil doicheallach drochbhéasach.

387 Beidh an saol ar a mhian ag an rialtóir sin atá fial binnbhriathrach agus atá in ann an pobal a chosaint.

388 Rialtóir éachtach a thabharfar ar an rí fíréanta a chuireann an ceart i bhfeidhm agus a chothaíonn an pobal.

செவிகைப்பச் சொற்பொறுக்கும் பண்புடை வேந்தன்
கவிகைக்கீழ்த் தங்கும் உலகு. 389

கொடையளி செங்கோல் குடியோம்பல் நான்கும்
உடையானாம் வேந்தர்க் கொளி. 390

389 Beidh an domhan faoina ríshlat ag an rialtóir sin atá in ann cluas a thabhairt don scéal coscrach.

390 Féile, grá, cothrom na Féinne agus an pobal a chosaint: is lóchrann an ceannaire ag a bhfuil na ceithre tréithe sin.

அதிகாரம் 40: **கல்வி**

கற்க கசடறக் கற்பவை கற்றபின் நிற்க அதற்குத் தக.	391
எண்ணென்ப ஏனை எழுத்தென்ப இவ்விரண்டும் கண்ணென்ப வாழும் உயிர்க்கு.	392
கண்ணுடையர் என்பவர் கற்றோர் முகத்திரண்டு புண்ணுடையர் கல்லா தவர்.	393
உவப்பத் தலைக்கூடி உள்ளப் பிரிதல் அனைத்தே புலவர் தொழில்.	394
உடையார்முன் இல்லார்போல் ஏக்கற்றுங் கற்றார் கடையரே கல்லா தவர்.	395
தொட்டனைத் தூறும் மணற்கேணி மாந்தர்க்குக் கற்றனைத் தூறும் அறிவு.	396
யாதானும் நாடாமால் ஊராமால் என்னொருவன் சாந்துணையுங் கல்லாத வாறு.	397
ஒருமைக்கண் தான்கற்ற கல்வி ஒருவற்கு எழுமையும் ஏமாப் புடைத்து.	398
தாமின் புறுவது உலகின் புறக்கண்டு காமுறுவர் கற்றறிந் தார்.	399
கேடில் விழுச்செல்வம் கல்வி ஒருவற்கு மாடல்ல மற்றை யவை.	400

Caibidil 40: **Léann**

391   Foghlaim a bhfuil le foghlaim agat i gceart;
      seas leis an méid atá foghlamtha agat.

392   Uimhreacha agus litreacha,
      sin iad dhá shúil an duine.

393   Dhá shúil atá ag an aos eagna;
      níl ag an ainbhiosán ach dhá ghearradh ar a aghaidh.

394   Cuireann an t-aos eagna lúcháir orthu siúd a mbuaileann siad
      leo, agus bíonn cumha ina ndiaidh ar imeacht dóibh.

395   Is umhal i láthair daoine eile iad an t-aos eagna, ar nós an daibhir
      os comhair an tsaibhir. Go grámhar, fonn foghlamtha orthu;
      iad siúd nach bhfoghlaimíonn ar an gcuma sin, is suarach iad.

396   Dá dhoimhneacht é an tobar, is ea is mó uisce a thagann as;
      dá mhéad a fhoghlaimíonn tú, is ea is mó eagna a chruinníonn tú.

397   Is féidir leis an aos eagna a rá, "níl áit ar fud na cruinne, nach
      ann a saolaíodh sinne"—baineann gach náisiún, gach áit leo;
      cén fáth an fhoghlaim a chur ar athlá go dtí uair do bháis?

398   Má tá foghlaim ort, mairfidh an fhoghlaim sin go fóinteach duit
      ar feadh na seacht mbreitheanna.

399   Nuair a thuigtear don aos eagna go mbaineann an saol sult
      as an méid a thugann sult dóibhsean, is cíocraí fós
      i mbun foghlamtha iad.

400   Saibhreas suntasach doscriosta atá san fhoghlaim;
      ní saibhreas in aon chor atá in aon mhaoin eile.

அதிகாரம் 41: **கல்லாமை**

அரங்கின்றி வட்டாடி யற்றே நிரம்பிய
நூலின்றிக் கோட்டி கொளல். 401

கல்லாதான் சொற்கா முறுதல் முலையிரண்டும்
இல்லாதாள் பெண்காமுற் றற்று. 402

கல்லா தவரும் நனிநல்லர் கற்றார்முன்
சொல்லா திருக்கப் பெறின். 403

கல்லாதான் ஒட்பம் கழியநன் றாயினும்
கொள்ளார் அறிவுடை யார். 404

கல்லா ஒருவன் தகைமை தலைப்பெய்து
சொல்லாடச் சோர்வு படும். 405

உளரென்னும் மாத்திரையர் அல்லால் பயவாக்
களரனையர் கல்லா தவர். 406

நுண்மாண் நுழைபுலம் இல்லான் எழில்நலம்
மண்மாண் புனைபாவை யற்று. 407

நல்லார்கண் பட்ட வறுமையின் இன்னாதே
கல்லார்கண் பட்ட திரு. 408

மேற்பிறந்தா ராயினும் கல்லாதார் கீழ்ப்பிறந்தும்
கற்றார் அனைத்திலர் பாடு. 409

விலங்கொடு மக்கள் அனையர் இலங்குநூல்
கற்றாரோடு ஏனை யவர். 410

Caibidil 41: **Aineolas**

401 Is ionann labhairt os comhair lucht féachana, gan na leabhair chuí a bheith léite agat, agus cluiche fichille a imirt gan chlár.

402 Duine gan léann a bheadh ag iarraidh óráid a thabhairt uaidh, is geall le neach andraigíneach gan chíocha é a bheadh ag iarraidh a bheith ina bhean.

403 Beidh meas ar an ainbhiosán má choimeádann sé a ghob dúnta os comhair an duine fhoghlamtha.

404 Cé go bhféadfadh an duine nach bhfuil léamh ná scríobh aige éirim aigne a bheith aige, mar sin féin ní ghlacfaidh an t-aos eagna lena fhocal.

405 Ní fada a bheidh an t-ainbhiosán ar maos sa mhórtas nuair a thosóidh sé ag labhairt os comhair slua.

406 Tá spás á líonadh, sin uile—daoine neamhliteartha, is geall le seascann iad.

407 An duine nach bhfuil oideachas maith air agus nach bhfuil géire intinne ag roinnt leis, ní fearr ná bábóg láibe é.

408 Is mó díobháil a dhéanfadh maoin i lámha an ainbhiosáin ná bochtaineacht an scoláire.

409 Cé gur den scothaicme é duine éigin gan léann, is mó an meas a bheadh ar an bhfear léannta ar den íosaicme é.

410 Ní mó ná brúid é an t-ainbhiosán i gcuideachta an fhir léinn.

அதிகாரம் 42: **கேள்வி**

செல்வத்துள் செல்வஞ் செவிச்செல்வம் அச்செல்வம்
செல்வத்து ளெல்லாந் தலை. 411

செவிக்குண வில்லாத போழ்து சிறிது
வயிற்றுக்கும் ஈயப் படும். 412

செவியுணவிற் கேள்வி யுடையார் அவியுணவின்
ஆன்றாரோ டொப்பர் நிலத்து. 413

கற்றில னாயினுங் கேட்க அஃதொருவற்கு
ஒற்கத்தின் ஊற்றாந் துணை. 414

இழுக்கல் உடையுழி ஊற்றுக்கோல் அற்றே
ஒழுக்க முடையார்வாய்ச் சொல். 415

எனைத்தானும் நல்லவை கேட்க அனைத்தானும்
ஆன்ற பெருமை தரும். 416

பிழைத்துணர்ந்தும் பேதைமை சொல்லார் இழைத்துணர்ந்
தீண்டிய கேள்வி யவர். 417

கேட்பினுங் கேளாத் தகையவே கேள்வியால்
தோட்கப் படாத செவி. 418

நுணங்கிய கேள்விய ரல்லார் வணங்கிய
வாயின ராதல் அரிது. 419

செவியிற் சுவையுணரா வாயுணர்வின் மாக்கள்
அவியினும் வாழினும் என். 420

Caibidil 42: **Éisteacht**

411 An saibhreas a thagann isteach tríd an gcluas,
     is fearr ná ór é.

412 Mura bhfuil an chluas in ann ithe,
     beathaigh an bolg beagán.

413 Iad siúd a chothaítear tríd an gcluas, is ar comhchéim iad
     sa saol seo leis na déithe a itheann a n-ofráiltear dóibh.

414 Fiú mura bhfoghlaimeofá faic ón léamh, éist;
     maide croise í an chluas in am an ghátair.

415 Bachall duit ar bhóthar sleamhain,
     focal gaoise.

416 Éist le dea-chomhairle;
     is leor beagán chun do dhínit a mhéadú.

417 Fiú mura bhfuil dea-chomhairle tugtha leo go hiomlán acu,
     ní thiocfaidh an focal amaideach óna mbéal:
     iad siúd a mbíonn cluas le héisteacht orthu, a dhéanann
     machnamh ar an scéal, agus a fhoghlaimíonn uaidh.

418 An chluas nár glanadh le foghlaim, cloiseann sí
     ach fós is bodhar í.

419 An té nach n-éisteann go dian is go hairdeallach,
     ní dócha go mbeadh teanga umhal aige.

420 Nach cuma beo nó marbh iad, iad siúd a n-aithníonn a dteanga
     cad is blas ann, ach nach n-aithníonn a gcluas é?

அதிகாரம் 43: அறிவுடைமை

அறிவற்றங் காக்குங் கருவி செறுவார்க்கும் உள்ளழிக்க லாகா அரண்.	421
சென்ற இடத்தால் செலவிடா தீதொரீஇ நன்றின்பால் உய்ப்ப தறிவு.	422
எப்பொருள் யார்யார்வாய்க் கேட்பினும் அப்பொருள் மெய்ப்பொருள் காண்ப தறிவு.	423
எண்பொருள வாகச் செலச்சொல்லித் தான்பிறர்வாய் நுண்பொருள் காண்ப தறிவு.	424
உலகம் தழீஇய தொட்பம் மலர்தலும் கூம்பலும் இல்ல தறிவு.	425
எவ்வ துறைவது உலகம் உலகத்தோடு அவ்வ துறைவ தறிவு.	426
அறிவுடையார் ஆவ தறிவார் அறிவிலார் அஃதறி கல்லா தவர்.	427
அஞ்சுவ தஞ்சாமை பேதைமை அஞ்சுவது அஞ்சல் அறிவார் தொழில்.	428
எதிரதாக் காக்கும் அறிவினார்க் கில்லை அதிர வருவதோர் நோய்.	429
அறிவுடையார் எல்லாம் உடையார் அறிவிலார் என்னுடைய ரேனும் இலர்.	430

Caibidil 43: **Gaois**

421 Sciath in aghaidh fulaingthe is ea an ghaois;
daingean docht do-ionsaithe in aghaidh naimhde.

422 Ní ligeann an ghaois don aigne a bheith ar fán ar a conlán féin,
ach í a stiúradh ón dochar i dtreo na maitheasa.

423 An fhírinne a aithint agus a thuiscint, pé béal as a dtagann sí,
sin is gaois ann.

424 Gaois is ea labhairt go simplí leis an lucht éisteachta,
agus an chaint is casta ó dhaoine eile a thuiscint.

425 Is é is gaois ann ná a bheith oscailte don domhan, gan sceitimíní
ná iontas a bheith ort, gan dúnadh is oscailt ar nós na loiteoige.

426 Reacht na cruinne,
cloí leis is gaoiseach.

427 Féach an abhainn sula dtéir ina cuilithe, sin is gaois ann;
ba dhíchéillí a mhalairt a dhéanamh.

428 Ba dhíchéillí gan eagla a bheith ort roimh an ní
ar cóir bheith eaglach roimhe;
bíonn eagla ar an duine gaoiseach roimh an ní
ar cóir bheith eaglach roimhe.

429 An duine gaoiseach a bhíonn seachantach agus ar a airdeall,
ní bhainfear barrthuisle as.

430 Tá an uile ní ag an duine gaoiseach;
níl faic na fríde ag an té atá gan chiall,
is cuma faoina mhaoin shaolta.

அதிகாரம் 44: குற்றங்கடிதல்

செருக்குஞ் சினமும் சிறுமையும் இல்லார் பெருக்கம் பெருமித நீர்த்து.	431
இவறலும் மாண்பிறந்த மானமும் மாணா உவகையும் ஏதம் இறைக்கு.	432
தினைத்துணையாங் குற்றம் வரினும் பனைத்துணையாக் கொள்வர் பழிநாணு வார்.	433
குற்றமே காக்க பொருளாகக் குற்றமே அற்றம் தரூஉம் பகை.	434
வருமுன்னர்க் காவாதான் வாழ்க்கை எரிமுன்னர் வைத்தூறு போலக் கெடும்.	435
தன்குற்றம் நீக்கிப் பிறர்குற்றங் காண்கிற்பின் என்குற்ற மாகும் இறைக்கு.	436
செயற்பால செய்யா திவறியான் செல்வம் உயற்பால தன்றிக் கெடும்.	437
பற்றுள்ளம் என்னும் இவறன்மை எற்றுள்ளும் எண்ணப் படுவதொன் றன்று.	438
வியவற்க எஞ்ஞான்றும் தன்னை நயவற்க நன்றி பயவா வினை.	439
காதல காதல் அறியாமை உய்க்கிற்பின் ஏதில ஏதிலார் நூல்.	440

Caibidil 44: **Lochtanna a cheartú**

431 Is dea-thréitheach é an ceannaire sin nach bhfuil uabhar
ná fearg ná drúis ag roinnt leis.

432 Drochthréithe marfacha an cheannaire is ea bród gan náire
agus mórtas místuama.

433 Iad siúd a bhfuil eagla orthu go náireofaí iad, más beag bídeach
iad na lochtanna atá orthu, ina súile féin is mór millteach.

434 Ceartaigh na lochtanna atá ort;
is iad do naimhde marfacha iad.

435 Gan cosaint ar thrioblóid,
is tuí i mbéal tine sinn.

436 Cén locht ar cheannaire a leagfadh é má cheartaíonn sé in am é
agus lochtanna daoine eile a chur ar a súile dóibh?

437 Imeoidh leá chúr na habhann ar mhaoin an duine shantaigh,
mura gcaitheann sé mar is cóir í.

438 Cloí go santach le maoin,
is measa ná locht ar bith eile é sin.

439 Ná géill go deo don fhéinspéis;
ná bí gafa le gníomhartha nach tairbhe d'éinne iad.

440 An té a bhaineann sásamh as nithe a thaitníonn leis,
gan fhios dá naimhde, is deacair é a chloí.

அதிகாரம் 45: பெரியாரைத் துணைக்கோடல்

அறனறிந்து மூத்த அறிவுடையார் கேண்மை
திறனறிந்து தேர்ந்து கொளல். 441

உற்றநோய் நீக்கி உறாஅமை முற்காக்கும்
பெற்றியார்ப் பேணிக் கொளல். 442

அரியவற்று எல்லாம் அரிதே பெரியாரைப்
பேணித் தமராக் கொளல். 443

தம்மிற் பெரியார் தமரா ஒழுகுதல்
வன்மையு எல்லாந் தலை. 444

சூழ்வார்கண் ணாக ஒழுகலான் மன்னவன்
சூழ்வாரைக் சூழ்ந்து கொளல். 445

தக்கா ரினத்தனாய்த் தானொழுக வல்லானைச்
செற்றார் செயக்கிடந்த தில். 446

இடிக்குந் துணையாரை ஆள்வாரை யாரே
கெடுக்குந் தகைமை யவர். 447

இடிப்பாரை இல்லாத ஏமரா மன்னன்
கெடுப்பா ரிலானுங் கெடும். 448

முதலிலார்க்கு ஊதியம் இல்லை மதலையாஞ்
சார்பிலார்க்கு இல்லை நிலை. 449

பல்லார் பகைகொளலிற் பத்தடுத்த தீமைத்தே
நல்லார் தொடர்கை விடல். 450

Caibidil 45: **Comhluadar daoine dea-thréitheacha a lorg**

441 Déan measúnú ar chomhluadar na saoithe suáilceacha
agus tuig a luach.

442 Cothaigh caidreamh leo siúd a mhaolódh
agus a ruaigfeadh do chuid trioblóidí.

443 Is luachmhar an ní é comhluadar daoine dea-thréitheacha
a bheith agat agus a chothú.

444 An neart is mó ar fad ná ár gcoimirce a mhaíomh ar dhaoine
atá níos fearr ná sinn agus aird a thabhairt orthu.

445 Togha na rialtóirí iad siúd a bhfuil comhairleoirí mar shúile acu;
roghnaigh iad tar éis iad a ghrinniniúchadh.

446 Nuair atá rialtóir cumasach ar a shuaimhneas
le comhghleacaithe cumasacha, níl a chuid naimhde in ann
aon dochar a dhéanamh dó.

447 An té atá i gceannas ar chompánaigh a chuireann comhairle air:
cé a bheadh in ann dochar a dhéanamh dó?

448 Rialtóir a bheadh gan compánaigh a chuirfeadh comhairle air,
clisfidh air gan cúnamh a fháil óna naimhde chuige sin.

449 Níl sochar le fáil gan infheistiú; i gcas ceannairí,
níl buanseasmhacht i ndán dóibh gan cúnamh
óna lucht tacaíochta.

450 Is measa seacht n-uaire é comhluadar daoine dea-thréitheacha
a chailleadh ná naimhdeas a dhéanamh le scata eascairde.

அதிகாரம் 46: *சிற்றினம் சேராமை*

சிற்றினம் அஞ்சும் பெருமை சிறுமைதான் சுற்றமாச் சூழ்ந்து விடும்.	451
நிலத்தியல்பால் நீர்திரிந் தற்றாகும் மாந்தர்க்கு இனத்தியல்ப தாகும் அறிவு.	452
மனத்தானாம் மாந்தர்க் குணர்ச்சி இனத்தானாம் இன்னான் எனப்படுஞ் சொல்.	453
மனத்து எதுபோலக் காட்டி ஒருவற்கு இனத்துள தாகும் அறிவு.	454
மனந்தூய்மை செய்வினை தூய்மை இரண்டும் இனந்தூய்மை தூவா வரும்.	455
மனந்தூயார்க் கெச்சம்நன் றாகும் இனந்தூயார்க்கு இல்லைநன் றாகா வினை.	456
மனநலம் மன்னுயிர்க் காக்கம் இனநலம் எல்லாப் புகழும் தரும்.	457
மனநலம் நன்குடைய ராயினும் சான்றோர்க்கு இனநலம் ஏமாப் புடைத்து.	458
மனநலத்தின் ஆகும் மறுமைமற் றஃதும் இனநலத்தின் ஏமாப் புடைத்து.	459
நல்லினத்தி னூங்குந் துணையில்லை தீயினத்தின் அல்லற் படுப்பதூஉம் இல்.	460

Caibidil 46: **Comhluadar gligíní a sheachaint**

451 Cuireann comhluadar gligíní faitíos ar dhaoine dea-thréitheacha;
aithníonn gligín gligín eile.

452 Glacann uisce cáilíocht na talún chuige féin;
braitheann gaois ar an gcomhluadar a chleachtann tú.

453 An inchinn a rialaíonn na céadfaí; an té a luíonn le gadhair,
éireoidh le dreancaidí.

454 Ba dhóigh leat gurb ón aigne a thagann gaois ach dáiríre
is ón gcomhluadar i do thimpeall í.

455 Íonacht smaointe is gníomhartha, is ag brath atá sí
ar do chomhluadar.

456 Iad siúd a bhfuil glaine ina gcroí,
is maith iad na páistí agus an oidhreacht a bheidh ina ndiaidh;
iad siúd a chleachtann comhluadar glan,
ní bheidh tasc ar bith ródheacair dóibh.

457 Is ciste é an dea-chroí;
conair na glóire é dea-chomhluadar.

458 An scoláire uasal fiú amháin a bhfuil dea-chroí ann,
cosnóidh dea-chomhluadar é go tréan.

459 Cuirfidh dea-chroí áthas an domhain ort, fiú i ndiaidh do bháis;
ní rachaidh tú amú agus dea-chomhluadar agat.

460 Dea-chomhluadar an chomhghuaillíocht is fearr amuigh;
an bhfuil aon ní níos measa duit ná droch-chomhluadar?

அதிகாரம் 47: தெரிந்து செயல்வகை

அழிவதூஉம் ஆவதூஉம் ஆகி வழிபயக்கும்
ஊதியமும் சூழ்ந்து செயல். 461

தெரிந்த இனத்தொடு தேர்ந்தெண்ணிச் செய்வார்க்கு
அரும்பொருள் யாதொன்றும் இல. 462

ஆக்கம் கருதி முதலிழக்கும் செய்வினை
ஊக்கார் அறிவுடை யார். 463

தெளிவி லதனைத் தொடங்கார் இளிவென்னும்
ஏதப்பாடு அஞ்சு பவர். 464

வகையறச் சூழா தெழுதல் பகைவரைப்
பாத்திப் படுப்பதோ ராறு. 465

செய்தக்க அல்ல செயக்கெடும் செய்தக்க
செய்யாமை யானும் கெடும். 466

எண்ணித் துணிக கருமம் துணிந்தபின்
எண்ணுவம் என்பது இழுக்கு. 467

ஆற்றின் வருந்தா வருத்தம் பலர்நின்று
போற்றினும் பொத்துப் படும். 468

நன்றாற்ற லுள்ளுந் தவறுண்டு அவரவர்
பண்பறிந் தாற்றாக் கடை. 469

எள்ளாத எண்ணிச் செயல்வேண்டும் தம்மொடு
கொள்ளாத கொள்ளாது உலகு. 470

Caibidil 47: **Féach an abhainn sula dtéir ina cuilithe**

461 Smaoinigh ar a n-ídítear leis, ar a gcruthaítear leis
is ar a ngnóthófar leis: ansin tabhair faoin gcúram.

462 Níl aon ní dodhéanta má roghnaíonn tú do chomhghleacaithe
go stuama agus an scéal a mheas eadraibh.

463 Ní chaillfidh an duine gaoiseach a chaipiteal agus é sa tóir
ar bhrabús.

464 Ní rachaidh sé i mbun gnó ar bith gan é a mheas
agus pictiúr soiléir a fháil roimh ré,
an té a gcuireann smál na náire eagla air.

465 Is fearr féachaint romhat ná dhá fhéachaint i do dhiaidh;
is ionann gan féachaint romhat agus naimhde a chruthú
is a chothú.

466 Is tubaisteach an ní é rud a dhéanamh is cóir a sheachaint,
agus vice versa.

467 Smaoinigh i dtosach; é a dhéanamh is ansin,
"Smaoineoidh mé air" a rá, níl ansin ach fíoramaidí.

468 Dianobair chontráilte, ní fiú broim dreoilín é,
fiú má mholann an domhan mór chun na spéartha thú.

469 D'fhéadfadh gníomh ionraic dul amú ort, mura bhfuil sé
curtha in oiriúint agat don té a mbaineann sé dó.

470 Ní ghlacfaidh an saol leis an ní nach dtaitneoidh leis;
déan an scéal a mheas i gceart nó déanfar ceap magaidh díot.

அதிகாரம் 48: வலியறிதல்

வினைவலியும் தன்வலியும் மாற்றான் வலியும்
துணைவலியும் தூக்கிச் செயல்.   471

ஒல்வ தறிவது அறிந்ததன் கண்தங்கிச்
செல்வார்க்குச் செல்லாதது இல்.   472

உடைத்தம் வலியறியார் ஊக்கத்தின் ஊக்கி
இடைக்கண் முரிந்தார் பலர்.   473

அமைந்தாங் கொழுகான் அளவறியான் தன்னை
வியந்தான் விரைந்து கெடும்.   474

பீலிபெய் சாகாடும் அச்சிறும் அப்பண்டஞ்
சால மிகுத்துப் பெயின்.   475

நுனிக்கொம்பர் ஏறினார் அஃதிறந் தூக்கின்
உயிர்க்கிறுதி யாகி விடும்.   476

ஆற்றின் அளவறிந்து ஈக அதுபொருள்
போற்றி வழங்கும் நெறி.   477

ஆகாறு அளவிட்டி தாயினுங் கேடில்லை
போகாறு அகலாக் கடை.   478

அளவறிந்து வாழாதான் வாழ்க்கை உளபோல
இல்லாகித் தோன்றாக் கெடும்.   479

உளவரை தூக்காத ஒப்புர வாண்மை
வளவரை வல்லைக் கெடும்.   480

Caibidil 48: **Do chumas a thuiscint**

471 Sula ndéantar gníomh ar bith, déan an tasc a mheas,
tú féin a mheas, neart na ndaoine atá i d'aghaidh
agus neart do chompánach a mheas.

472 Tuig cad is féidir a bhaint amach, foghlaim an t-eolas cuí,
agus fan ar d'airdeall: níor chaill fear an mhisnigh riamh é.

473 Is iomaí duine a d'éirigh as agus é leath slí chun na sprice,
tar éis dó tús a chur go díograiseach lena aistear,
ach nach raibh in ann a chumas féin a thuiscint i gceart.

474 An té nach gcomhoibríonn le daoine eile agus nach bhfuil in ann
a chumas féin a thuiscint, agus atá i ngrá leis féin,
teipfidh air gan mhoill.

475 Mura mbeadh ach cleití péacóige á n-iompar ag cairt,
bhrisfeadh ró-ualach an fhearsaid.

476 Bain barr géige amach agus is é an bás a bheadh romhat
dá rachfá níos faide.

477 Bí fial de réir d'acmhainne; sin mar is fearr maoin a úsáid
agus a chosaint.

478 Is cuma má tá teorainn le do theacht isteach—
mura sáraíonn caiteachas é.

479 Beidh cuma ghalánta ar dtús ar do shaol agus tú ag maireachtáil
thar d'acmhainn, ach is gearr a mhairfidh a loinnir.

480 Ní fada a mhairfidh an fhéile más ag caitheamh
thar d'acmhainn a bheifeá.

அதிகாரம் 49: *காலம் அறிதல்*

பகல்வெல்லும் கூகையைக் காக்கை இகல்வெல்லும் வேந்தர்க்கு வேண்டும் பொழுது.	481
பருவத்தோடு ஒட்ட ஒழுகல் திருவினைத் தீராமை ஆர்க்கும் கயிறு.	482
அருவினை என்ப உளவோ கருவியான் காலம் அறிந்து செயின்.	483
ஞாலம் கருதினுங் கைகூடும் காலம் கருதி இடத்தாற் செயின்.	484
காலம் கருதி இருப்பர் கலங்காது ஞாலம் கருது பவர்.	485
ஊக்க முடையான் ஒடுக்கம் பொருதகர் தாக்கற்குப் பேருந் தகைத்து.	486
பொள்ளென ஆங்கே புறம்வேரார் காலம்பார்த்து உள்வேர்ப்பர் ஒள்ளி யவர்.	487
செறுநரைக் காணின் சுமக்க இறுவரை காணின் கிழக்காம் தலை.	488
எய்தற் கரியது இயைந்தக்கால் அந்நிலையே செய்தற் கரிய செயல்.	489
கொக்கொக்க கூம்பும் பருவத்து மற்றதன் குத்தொக்க சீர்த்த இடத்து.	490

Caibidil 49: **An t-uainiú a bheith i gceart**

481 Buafaidh an préachán ar an ulchabhán i gcaitheamh an lae:
     ní mór don rí an t-am ceart a roghnú chun a naimhde a chloí.

482 An rópa a cheanglaíonn do mhaoin chun nach mbeadh
     aon teorainn léi, ná an rud ceart a dhéanamh ag an am ceart.

483 An bhféadfadh a leithéid de rud agus tasc dodhéanta
     a bheith ann dá gcuirfí an straitéis cheart
     agus na hacmhainní cuí i bhfeidhm ag an am ceart?

484 Má tá an domhan is a bhfuil ann uait, is leat é ach an t-am ceart
     is an áit cheart a roghnú chun gníomh a dhéanamh.

485 Iad siúd a bhfuil an domhan uathu go díograiseach,
     fanfaidh siad ar an uain cheart.

486 An neach tréan teasaí, seasfaidh sé siar mar a chúbfadh reithe
     roimh dó ionsaí a dhéanamh.

487 Ní phléascfaidh an duine gaoiseach le fearg; coinneoidh sé
     an fhearg faoi smacht agus é ag feitheamh leis an uain cheart.

488 Bí foighneach le do naimhde;
     nuair a thiocfaidh an t-am ceart, beidh a fhios acu é.

489 Freastail an t-áiméar ag an am ceart chun an tasc is déine
     a chur i gcrích.

490 Bí mar a bhíonn Jónaí an Scrogaill agus í ina seasamh
     gan cor aisti go mbíonn a creach fad a goib uaithi.

அதிகாரம் 50: இடன் அறிதல்

தொடங்கற்க எவ்வினையும் எள்ளற்க முற்றும் இடங்கண்ட பின்அல் லது.	491
முரண்சேர்ந்த மொய்ம்பி னவர்க்கும் அரண்சேர்ந்தாம் ஆக்கம் பலவுந் தரும்.	492
ஆற்றாரும் ஆற்றி அடுப இடனறிந்து போற்றார்கண் போற்றிச் செயின்.	493
எண்ணியார் எண்ணம் இழப்பர் இடனறிந்து துன்னியார் துன்னிச் செயின்.	494
நெடும்புனலுள் வெல்லும் முதலை அடும்புனலின் நீங்கின் அதனைப் பிற.	495
கடலோடா கால்வல் நெடுந்தேர் கடலோடும் நாவாயும் ஓடா நிலத்து.	496
அஞ்சாமை அல்லால் துணைவேண்டா எஞ்சாமை எண்ணி இடத்தால் செயின்.	497
சிறுபடையான் செல்லிடம் சேரின் உறுபடையான் ஊக்கம் அழிந்து விடும்.	498
சிறைநலனும் சீரும் இலரெனினும் மாந்தர் உறைநிலத்தோடு ஒட்டல் அரிது.	499
காலாழ் களரில் நரியடும் கண்ணஞ்சா வேலாள் முகத்த களிறு.	500

Caibidil 50: **An áit cheart**

491 Ná tosaigh ar thasc, á shamhlú a bheith éasca,
go mbeidh an áit cheart agat chuige.

492 An rialtóir tréan a chuirfeadh dúiche faoi smacht,
theastódh daingean uaidh.

493 Buafaidh an lag ar an láidir
má théann sé i ngleic lena namhaid san áit cheart.

494 An namhaid atá sotalach, beidh a chuid fórsaí in aimhréidh
má ionsaítear san áit cheart é.

495 Buafaidh an crogall san uisce domhain.
Cloífear ar an mbruach é.

496 Ní sheolfaidh an carbad cumasach ar an bhfarraige,
ná ní sheolfaidh longa na farraige ar talamh.

497 Tar éis gach aon rud a chur san áireamh,
má roghnaítear tasc a chur i gcrích san áit cheart,
níl aon ní eile ag teastáil ach misneach.

498 Má chuireann rí—is gan aige ach arm suarach—
cath ar namhaid in áit straitéiseach,
cuirfear scaipeadh na mionéan ar an namhaid tréan.

499 Fiú mura bhfuil daingean ná crógacht thar na bearta
ag an namhaid,
is deacair é a chloí ar fhód an bhaile.

500 An eilifint fhiáin a sháigh a chuid starrfhiacla i sleádóirí
gan áireamh,
más i sáinn i scraith ghlugair atá sé, is baol dó an seacál.

அதிகாரம் 51: தெரிந்து தெளிதல்

அறம்பொருள் இன்பம் உயிரச்சம் நான்கின் திறந்தெரிந்து தேறப் படும்.	501
குடிப்பிறந்து குற்றத்தின் நீங்கி வடுப்பரியும் நாணுடையான் கட்டே தெளிவு.	502
அரியகற்று ஆசற்றார் கண்ணும் தெரியுங்கால் இன்மை அரிதே வெளிறு.	503
குணம்நாடிக் குற்றமும் நாடி அவற்றுள் மிகைநாடி மிக்க கொளல்.	504
பெருமைக்கும் ஏனைச் சிறுமைக்கும் தத்தம் கருமமே கட்டளைக் கல்.	505
அற்றாரைத் தேறுதல் ஓம்புக மற்றவர் பற்றிலர் நாணார் பழி.	506
காதன்மை கந்தா அறிவறியார்த் தேறுதல் பேதைமை யெல்லாம் தரும்.	507
தேரான் பிறனைத் தெளிந்தான் வழிமுறை தீரா இடும்பை தரும்.	508
தேறற்க யாரையும் தேராது தேர்ந்தபின் தேறுக தேறும் பொருள்.	509
தேரான் தெளிவும் தெளிந்தான்கண் ஐயுறவும் தீரா இடும்பை தரும்.	510

Caibidil 51: **Duine a mheas sula nglactar leis**

501 Meastar dearcadh duine (.i. aire á roghnú ag rí) ar cheithre ghné
sula nglacfaí leis:
fíréantacht, airgead, drúis, easpa misnigh.

502 Ná glac le héinne nach de dhea-theaghlach é; roghnaigh duine
gan cháim a sheachnódh droch-cháil agus náire.

503 An duine gan cháim a bhfuil léann air, scrúdaigh go mion é agus
is annamh gan locht a bheith air nó bearna ina chuid eolais.

504 Cuir a chuid suáilcí is a chuid duáilcí sa mheá,
féach ar an toradh, is déan cinneadh ansin.

505 Ar a ghníomhartha a mheasfar dea-thréithe
is drochthréithe an duine.

506 Ná roghnaigh duine nach bhfuil gaolta ar bith aige:
an té atá gan cheangal, ní heagal leis coir a dhéanamh.

507 Ná roghnaigh duine a mbeifeá ceanúil air ach nach bhfuil
na scileanna cuí aige, nó beidh tú i dtrioblóid.

508 Glac le duine gan é a mheas mar is cóir,
agus déanfar damáiste a mbeidh a rian air go ceann i bhfad.

509 Déan é a mheas sula roghnóidh tú é; nuair a thoghtar ansin é,
lig dó an cúram a leagadh air a chur i gcrích gan cur isteach air.

510 Roghnaigh duine gan é a mheas, nó amhras a chaitheamh air
tar éis a roghnaithe, cruachás a leanfaidh é sin go ceann i bhfad.

அதிகாரம் 52: தெரிந்து வினையாடல்

நன்மையும் தீமையும் நாடி நலம்புரிந்த
தன்மையான் ஆளப் படும்.   511

வாரி பெருக்கி வளம்படுத்து உற்றவை
ஆராய்வான் செய்க வினை.   512

அன்பறிவு தேற்றம் அவாவின்மை இந்நான்கும்
நன்குடையான் கட்டே தெளிவு.   513

எனைவகையான் தேறியக் கண்ணும் வினைவகையான்
வேறாகும் மாந்தர் பலர்.   514

அறிந்தாற்றிச் செய்கிற்பாற்கு அல்லால் வினைதான்
சிறந்தானென்று ஏவற்பாற் றன்று.   515

செய்வானை நாடி வினைநாடிக் காலத்தோடு
எய்த உணர்ந்து செயல்.   516

இதனை இதனால் இவன்முடிக்கும் என்றாய்ந்து
அதனை அவன்கண் விடல்.   517

வினைக்குரிமை நாடிய பின்றை அவனை
அதற்குரிய நாகச் செயல்.   518

வினைக்கண் வினையுடையான் கேண்மைவே றாக
நினைப்பானை நீங்கும் திரு.   519

நாடோறும் நாடுக மன்னன் வினைசெய்வான்
கோடாமை கோடா துலகு.   520

Caibidil 52: **Tascanna a mheas is a dháileadh ar dhaoine**

511 An duine atá oilte ar dhaoine eile a mheas,
cuirtear i gceannas ar thascanna tábhachtacha é.

512 Fág i mbun tascanna an duine sin a mhéadaíonn
ar fhoinsí ioncaim,
a chruthaíonn maoin, a scrúdaíonn agus a sháraíonn an bac
ar an mbóthar.

513 Grá, gaois, aigne ghéarchúiseach atá lán de mhisneach,
duine nach dtéann a mhianta ar strae uaidh,
roghnaigh duine a bhfuil na cáilíochtaí sin go flúirseach aige.

514 Pé slí a ndéantar daoine a mheas is a roghnú,
is ar chaighdeán a gcur i gcrích a sheasfaidh siad amach.

515 Dáil an cúram orthu siúd a bhfuil cur amach acu air,
atá in ann é a phleanáil, é a dhéanamh is é a chur i gcrích
agus ní ar an duine nótáilte nó an duine is deise leat féin.

516 Dáil cúram ar dhuine tar éis an duine sin a mheas,
an tasc a mheas agus an t-am is cuí chuige a mheas.

517 Beidh sé in ann an cúram sin a dhéanamh ach leas a bhaint as
na hacmhainní seo; nuair a bheidh an cur chuige oibrithe
amach agat, fág faoi féin ansin é.

518 Nuair a bheidh sé oibrithe amach agat cé is fearr chun an tasc
a chur i gcrích, tabhair na hacmhainní agus an chumhacht dó
chun an jab a dhéanamh.

519 Ní fada a mhairfidh maoin an cheannaire má thiteann sé amach
leis an té a cheap sé chun cúram a chur i gcrích.

520 Ba chóir don cheannaire súil a choimeád ar dhul chun cinn—
mura dteipfidh ar na feidhmeannaigh ní theipfidh ar an stát.

அதிகாரம் 53: *சுற்றந் தழால்*

பற்றற்ற கண்ணும் பழைமைபா ராட்டுதல்
சுற்றத்தார் கண்ணே யுள. 521

விருப்பறாச் சுற்றம் இயையின் அருப்பறா
ஆக்கம் பலவுந் தரும். 522

அளவளா வில்லாதான் வாழ்க்கை குளவளாக்
கோடின்றி நீர்நிறைந் தற்று. 523

சுற்றத்தால் சுற்றப் படஒழுகல் செல்வந்தான்
பெற்றத்தால் பெற்ற பயன். 524

கொடுத்தலும் இன்சொலும் ஆற்றின் அடுக்கிய
சுற்றத்தால் சுற்றப் படும். 525

பெருங்கொடையான் பேணான் வெகுளி அவனின்
மருங்குடையார் மாநிலத்து இல். 526

காக்கை கரவா கரைந்துண்ணும் ஆக்கமும்
அன்னநீ ரார்க்கே உள. 527

பொதுநோக்கான் வேந்தன் வரிசையா நோக்கின்
அதுநோக்கி வாழ்வார் பலர். 528

தமராகிக் தற்றுறந்தார் சுற்றம் அமராமைக்
காரணம் இன்றி வரும். 529

உழைப்பிரிந்து காரணத்தின் வந்தானை வேந்தன்
இழைத்திருந்து எண்ணிக் கொளல். 530

Caibidil 53: **Aithníonn an fhuil a chéile**

521 Fiú dá gcaillfeá do mhaoin ar fad,
 tá do ghaolta agat.

522 Má tá gaolta agat nach dtagann lag trá ar a ngrá,
 péacfaidh do mhaoin mar mheas ar an gcraobh.

523 Beatha an té nach bhfuil neasghaolta aige,
 is geall le huisce á dhoirteadh isteach i linn gan teorainn é.

524 Beidh a ghaolta fairis
 más fial lena mhaoin atá sé.

525 An té a chleachtann féile agus caoinbhriathra,
 beidh teaghlach sínte ina thimpeall.

526 Duine flaithiúil atá saor ón bhfearg—
 ní bheidh lucht leanúna níos mó ag éinne eile ar domhan.

527 Ní cheileann an préachán a chreach; glaonn sé ar chomhluadar
 a roinnfeadh leis í; airí maith é sin don té a mbainfeadh maoin
 is dul chun cinn leis.

528 An ceannaire a sheachnaíonn cur chuige neamhdhifreáilte
 agus a chuireann in oiriúint do chumais éagsúla daoine é,
 beidh scata dílis dó.

529 Lucht dea-mhéine a scarfaidh leat, fillfidh siad
 má réitítear an teannas a bhí eadraibh.

530 Má thagann cúl le páirtí ar ais, ar chúis ar bith,
 ba chóir go gcuirfeadh an ceannaire fáilte roimhe,
 i ndiaidh dó an scéal a mheas mar is cóir.

அதிகாரம் 54: **பொச்சாவாமை**

இறந்த வெகுளியின் தீதே சிறந்த
உவகை மகிழ்ச்சியிற் சோர்வு. 531

பொச்சாப்புக் கொல்லும் புகழை அறிவினை
நிச்ச நிரப்புக்கொன் றாங்கு. 532

பொச்சாப்பார்க்கு இல்லை புகழ்மை அதுவுலகத்து
எப்பால்நூ லோர்க்கும் துணிவு. 533

அச்ச முடையார்க்கு அரணில்லை ஆங்கில்லை
பொச்சாப் புடையார்க்கு நன்கு. 534

முன்னுறக் காவாது இழுக்கியான் தன்பிழை
பின்னூறு இரங்கி விடும். 535

இழுக்காமை யார்மாட்டும் என்றும் வழுக்காமை
வாயின் அதுவொப்பது இல். 536

அரியஎன்று ஆகாத இல்லைபொச் சாவாக்
கருவியால் போற்றிச் செயின். 537

புகழ்ந்தவை போற்றிச் செயல்வேண்டும் செய்யாது
இகழ்ந்தார்க்கு எழுமையும் இல். 538

இகழ்ச்சியின் கெட்டாரை உள்ளுக தாந்தம்
மகிழ்ச்சியின் மைந்துறும் போழ்து. 539

உள்ளியது எய்தல் எளிதுமன் மற்றுந்தான்
உள்ளியது உள்ளப் பெறின். 540

Caibidil 54: **Seachain bogás, faillí agus neamhshuim**

531 Is measa ná cuthach é an fhaillí sin
 a éiríonn as nóiméad sásaimh.

532 Millfidh bogás, leisce agus neamhshuim do cháil,
 faoi mar a mhilltear an ghaois ag déircínteacht is craos.

533 Níl dea-cháil i ndán don té atá bogásach,
 leisciúil nó tarcaisneach:
 tá na saoithe go léir ar aon fhocal faoi sin.

534 Níl daingean ar bith sách daingean dóibh siúd a bhfuil eagla
 orthu; níl maitheas ar bith i ndán don té atá bogásach,
 faillitheach nó tarcaisneach.

535 An té atá bogásach agus tarcaisneach,
 agus nach dtuigeann cad a tharlóidh dó dá dheasca sin,
 beidh cathú ar ball air.

536 Ná bí bogásach i dtaobh aon ní, agus ná bí ag caitheamh anuas
 ar éinne: níl aon ní níos fearr ná géilleadh go docht
 don riail sin.

537 Níl aon ní in aon chor nach féidir a dhéanamh ach an tasc
 a chur i gcrích go díograiseach, d'aigne ar bior,
 gan a bheith bogásach.

538 Déan na gníomhartha sin go díograiseach atá molta go hard
 ag na saoithe; seachain go tarcaisneach iad agus beidh thiar ort
 ar feadh na seacht mbreitheanna.

539 Smaoinigh, agus tú faoi ghlóir go bogásach, orthu siúd
 atá damnaithe de dheasca na faillí agus na tarcaisne.

540 Ní deacair aon ní a bhaint amach
 ach d'aigne a bheith dírithe air.

அதிகாரம் 55: செங்கோன்மை

ஓர்ந்துகண் ணோடாது இறைபுரிந்து யார்மாட்டும்
தேர்ந்துசெய் வஃதே முறை. 541

வானோக்கி வாழும் உலகெல்லாம் மன்னவன்
கோல்நோக்கி வாழுங் குடி. 542

அந்தணர் நூற்கும் அறத்திற்கும் ஆதியாய்
நின்றது மன்னவன் கோல். 543

குடிதழீஇக் கோலோச்சும் மாநில மன்னன்
அடிதழீஇ நிற்கும் உலகு. 544

இயல்புளிக் கோலோச்சும் மன்னவன் நாட்ட
பெயலும் விளையுளும் தொக்கு. 545

வேலன்று வென்றி தருவது மன்னவன்
கோலதூஉம் கோடா தெனின். 546

இறைகாக்கும் வையகம் எல்லாம் அவனை
முறைகாக்கும் முட்டாச் செயின். 547

எண்பதத்தான் ஓரா முறைசெய்யா மன்னவன்
தண்பதத்தான் தானே கெடும். 548

குடிபுறங் காத்தோம்பிக் குற்றம் கடிதல்
வடுவன்று வேந்தன் தொழில். 549

கொலையிற் கொடியாரை வேந்தொறுத்தல் பைங்கூழ்
களைகட் டதனொடு நேர். 550

Caibidil 55: Cothrom na Féinne

541 Is é is cothrom na Féinne ann ná géariniúchadh a dhéanamh
ar chás, ceannaireacht chóir—gan fabhar a thabhairt d'éinne—
gníomhú mar is ceart tar éis duit anailís a dhéanamh
ar an scéal.

542 Breathnaímid in airde chun na spéire chun teacht slán is sinn
ag súil le báisteach; maireann an pobal agus iad ag breathnú
in airde ar ríshlat an cheannaire agus iad ag súil
le cothrom na Féinne uaidh.

543 Ríshlat an cheannaire a spreagann na scrioptúir sin a scríobhann
na scoláirí agus na suáilcí atá molta iontu.

544 Béarfaidh an domhan is a mháthair barróg ar chosa
an cheannaire sin a bheireann barróg ar an bpobal
agus a sheasann leis an gceart.

545 Má rialaíonn an ceannaire mar is cóir, go ríúil, ní theipfidh
ar an monsún ná ar an bhfómhar.

546 Ní hí an tsleá a thugann an lá léi ach an tslat ríoga
nach gclaonann riamh.

547 Cosantóir an domhain uile é an rí; é á chosaint ag an gcóir
atá á roinnt aige.

548 An rí nach bhfuil teacht ag daoine air agus nach roinneann
an chóir mar is dual dó,
ísleoidh a tháire féin é.

549 Ní locht ar rí é pionós a chur ar choirí, d'fhonn a chuid
géillsineach a chosaint is a chothú; is é a dhualgas é.

550 Is ionann dianphionós a chur ar mharfóirí agus gortghlanadh
a dhéanamh.

அதிகாரம் 56: கொடுங்கோன்மை

கொலைமேற்கொண் டாரிற் கொடிதே அலைமேற்கொண்டு
அல்லவை செய்தொழுகும் வேந்து. 551

வேலொடு நின்றான் இடுஎன் றதுபோலும்
கோலொடு நின்றான் இரவு. 552

நாடொறும் நாடி முறைசெய்யா மன்னவன்
நாடொறும் நாடு கெடும். 553

கூழுங் குடியும் ஒருங்கிழக்கும் கோல்கோடிச்
சூழாது செய்யும் அரசு. 554

அல்லற்பட்டு ஆற்றாது அழுதகண் ணீரன்றே
செல்வத்தைத் தேய்க்கும் படை 555

மன்னர்க்கு மன்னுதல் செங்கோன்மை அஃதின்றேல்
மன்னாவாம் மன்னர்க் கொளி. 556

துளியின்மை ஞாலத்திற்கு எற்றற்றே வேந்தன்
அளியின்மை வாழும் உயிர்க்கு. 557

இன்மையின் இன்னாது உடைமை முறைசெய்யா
மன்னவன் கோற்கீழ்ப் படின். 558

முறைகோடி மன்னவன் செய்யின் உறைகோடி
ஒல்லாது வானம் பெயல். 559

ஆபயன் குன்றும் அறுதொழிலோர் நூல்மறப்பர்
காவலன் காவான் எனின். 560

Caibidil 56: **Tíorántacht agus éagóir**

551 Is measa ná feallmharfóir é, an ceannaire a chiapann saoránaigh,
agus a dhéanann éagóir orthu.

552 Is ionann sracaireacht agus caimiléireacht a dhéanamh
le slat ríoga
agus robáil a dhéanamh agus sleá a bhagairt.

553 An ceannaire nach ndéanann cúrsaí a mheas agus a riar
go cothrom, lá i ndiaidh lae,
ligfidh sé don stát dul in olcas lá i ndiaidh lae.

554 An rí a ligeann dá ríshlat claonadh i dtreo na tíorántachta,
caillfidh sé a mhaoin, an pobal agus an stát.

555 Is iad na deora a shileann saoránaigh a chaithfidh cur suas
le ciapadh is crá na hairm a chuirfidh deireadh
le maoin an cheannaire.

556 Cáil bhuan a bheidh ar an gceannaire a rialaíonn go cothrom;
easpa cothroime, easpa cáile.

557 Is ionann domhan gan bháisteach agus pobal
gan ceannaire flaithiúil.

558 Is measa a bheith gustalach
ná bocht faoi cheannaire éagórach.

559 Má éiríonn ríshlat an cheannaire guagach,
ní thitfidh uisce na spéire.

560 Beidh an bhó seasc; déanfaidh an bráman dearmad
ar na scrioptúir;
nuair nach slánaitheoir níos mó é an rí.

அதிகாரம் 57: வெருவந்த செய்யாமை

தக்காங்கு நாடித் தலைச்செல்லா வண்ணத்தால்
ஒத்தாங்கு ஒறுப்பது வேந்து. 561

கடிதோச்சி மெல்ல எறிக நெடிதாக்கம்
நீங்காமை வேண்டு பவர். 562

வெருவந்த செய்தொழுகும் வெங்கோல னாயின்
ஒருவந்தம் ஒல்லைக் கெடும். 563

இறைகடியன் என்றுரைக்கும் இன்னாச்சொல் வேந்தன்
உறைகடுகி ஒல்லைக் கெடும். 564

அருஞ்செவ்வி இன்னா முகத்தான் பெருஞ்செல்வம்
பேஎய்கண் டன்னது உடைத்து. 565

கடுஞ்சொல்லன் கண்ணில னாயின் நெடுஞ்செல்வம்
நீடின்றி ஆங்கே கெடும். 566

கடுமொழியும் கையிகந்த தண்டமும் வேந்தன்
அடுமுரண் தேய்க்கும் அரம். 567

இனத்தாற்றி எண்ணாத வேந்தன் சினத்தாற்றிச்
சீறின் சிறுகும் திரு. 568

செருவந்த போழ்திற் சிறைசெய்யா வேந்தன்
வெருவந்து வெய்து கெடும். 569

கல்லார்ப் பிணிக்கும் கடுங்கோல் அதுவல்லது
இல்லை நிலக்குப் பொறை. 570

Caibidil 57: **Gníomhartha scanrúla a sheachaint**

561 Dualgas an rí cás a fhiosrú go fuarchúiseach agus pionós cuí
 a chur ar an gcoirí, chun nach dtarlódh sé arís.

562 Ardaigh an ríshlat gan mhoill is go dian, ach ísligh go séimh
 í agus ní bheidh do mhaoin i mbaol.

563 Fágfar rí leis féin agus scriosfar gan mhoill é,
 más tíoránach atá ann a chuireann sceimhle ar an bpobal.

564 "Is tíoránach é an rí seo againne": cáineadh den sórt sin
 a scriosfaidh an rí gan mhoill.

565 Mura bhfuil teacht ar an rí, más garbhchuntanósach atá sé—
 níl ina mhaoin ach ciste á chosaint ag deamhain.

566 Más garbh í a theanga, mura bhfuil comhbhá ar bith
 ag roinnt leis, ní fada a mhairfidh a mhaoin.

567 An focal dian, pionós róghéar—sábh iad sin a mheilfidh
 neart míleata an rí.

568 Nuair nach nglacfaidh an rí comhairle óna chomhairleoirí,
 agus má phléascann sé le cuthach, imphléascfaidh a mhaoin.

569 Nuair a ionsóidh an namhaid, titfidh an rí sin nár chuir
 cóir chosanta ar fáil, agus is ar crith le heagla a bheidh sé.

570 Dúramáin a bheidh i gcomhthionól an tíoránaigh;
 is ualach ar an domhan iad.

அதிகாரம் 58: **கண்ணோட்டம்**

கண்ணோட்டம் என்னும் கழிபெருங் காரிகை
உண்மையான் உண்டிவ் வுலகு.   571

கண்ணோட்டத் துள்ளது உலகியல் அஃதிலார்
உண்மை நிலக்குப் பொறை.   572

பண்என்னாம் பாடற்கு இயையின்றேல் கண்என்னாம்
கண்ணோட்டம் இல்லாத கண்.   573

உளபோல் முகத்தெவன் செய்யும் அளவினால்
கண்ணோட்டம் இல்லாத கண்.   574

கண்ணிற்கு அணிகலம் கண்ணோட்டம் அஃதின்றேல்
புண்ணென்று உரைப் படும்.   575

மண்ணோ டியையந்த மரத்தனையர் கண்ணோ
டியையந்துகண் ணோடா தவர்.   576

கண்ணோட்டம் இல்லவர் கண்ணிலர் கண்ணுடையார்
கண்ணோட்டம் இன்மையும் இல்.   577

கருமஞ் சிதையாமல் கண்ணோட வல்லார்க்கு
உரிமை உடைத்திவ் வுலகு.   578

ஒறுத்தாற்றும் பண்பினார் கண்ணும்கண் ணோடிப்
பொறுத்தாற்றும் பண்பே தலை.   579

பெயக்கண்டும் நஞ்சுண் டமைவர் நயத்தக்க
நாகரிகம் வேண்டு பவர்.   580

Caibidil 58: **Atrua**

571 Is ann don domhan de thairbhe na háilleachta sin
ar a dtugtar atrua.

572 Is í an atrua a chuireann an domhan ag casadh;
an dream atá gan í, is ualach ar an domhan iad.

573 Cad is fiú amhrán atá as tiúin,
súile gan atrua?

574 An tsúil nach bhfuil ag cur thar maoil le hatrua,
cad is fiú í a bheith ar d'aghaidh agat in aon chor?

575 Maisiú ar an tsúil í an atrua; murach atrua,
d'fhéachfaí ar an tsúil mar chréacht.

576 Ní mó ná crann sa talamh é an té a bhfuil súile aige
agus nach n-úsáideann iad ar mhaithe le hatrua.

577 An té atá gan atrua níl súile aige; má tá súile agat,
ní fhéadfá a bheith ar easpa atrua.

578 Iad siúd a dhéanann a ndualgas go diongbháilte atruach,
is leo an domhan.

579 An-cháilíocht go deo is ea a bheith atruach foighneach,
fiú leo siúd a ghortaíonn sinn.

580 Fiú má fheiceann siad nimh á doirteadh amach,
ólfaidh siad í agus déanfaidh comhrá caoin,
iad siúd a dteastaíonn uathu a bheith sibhialta atruach.

அதிகாரம் 59: ஒற்றாடல்

ஒற்றும் உரைசான்ற நூலும் இவையிரண்டும்
தெற்றென்க மன்னவன் கண். 581

எல்லார்க்கும் எல்லாம் நிகழ்பவை எஞ்ஞான்றும்
வல்லறிதல் வேந்தன் தொழில். 582

ஒற்றினான் ஒற்றிப் பொருள்தெரியா மன்னவன்
கொற்றங் கொளக்கிடந்தது இல். 583

வினைசெய்வார் தம்சுற்றம் வேண்டாதார் என்றாங்கு
அனைவரையும் ஆராய்வது ஒற்று. 584

கடாஅ உருவொடு கண்ணஞ்சாது யாண்டும்
உகாஅமை வல்லதே ஒற்று. 585

துறந்தார் படிவத்த ராகி இறந்தாராய்ந்து
என்செயினும் சோர்விலது ஒற்று. 586

மறைந்தவை கேட்கவற் றாகி அறிந்தவை
ஐயப்பாடு இல்லதே ஒற்று. 587

ஒற்றொற்றித் தந்த பொருளையும் மற்றுமோர்
ஒற்றினால் ஒற்றிக் கொளல். 588

ஒற்றெற் றுணராமை ஆள்க உடன்மூவர்
சொற்றொக்க தேறப் படும். 589

சிறப்பறிய ஒற்றின்கண் செய்யற்க செய்யின்
புறப்படுத்தான் ஆகும் மறை. 590

Caibidil 59: **Cúrsaí faisnéise is bleachtaireachta**

581 Súile an rí iad gréasán faisnéise agus leabhair
a bhfuil ardmheas orthu.

582 Fios fátha gach scéil a bheith ag an rí, gan mhoill:
is é a dhualgas é.

583 Níl slí níos fearr chun bua a fháil ná spiairí á gcur amach
ag an rí d'fhonn faisnéis iontaofa a bhailiú.

584 Jab an spiaire súil ghéar a choimeád ar gach éinne,
feidhmeannaigh, gaolta, naimhde.

585 Ba chóir don spiaire a bheith neamhshuntasach,
a bheith in ann féachaint isteach i do shúile gan scáth
gan eagla, agus gan faic a ligean air.

586 Ba chóir don spiaire a bheith in ann gabháil thart *incognito*,
é ina dhiantréanach agus eile, agus faisnéis a bhailiú de shíor,
pé modh is gá chuige sin.

587 Ba chóir don spiaire a bheith in ann rúin a mhealladh
ó dhaoine go neafaiseach,
agus na sonraí go léir a dhearbhú.

588 Dearbhaigh an fhaisnéis a bhailíonn spiaire amháin trí spiaire eile
a fhostú.

589 Ná bíodh aithne ag na bleachtairí ar a chéile;
má tá triúr acu ar aon fhocal, is féidir brath ar an scéal ansin.

590 Nuair is gá gradam a thabhairt do spiaire, ná déan os comhair
an tsaoil mhóir é; nó bheadh do rún féin á chraobhscaoileadh
agat.

அதிகாரம் 60: ஊக்கம் உடைமை

உடையர் எனப்படுவது ஊக்கம் அஃதில்லார்
உடையது உடையரோ மற்று.   591

உள்ளம் உடைமை உடைமை பொருளுடைமை
நில்லாது நீங்கி விடும்.   592

ஆக்கம் இழந்தேமென்று அல்லாவார் ஊக்கம்
ஒருவந்தம் கைத்துடை யார்.   593

ஆக்கம் அதர்வினாய்ச் செல்லும் அசைவிலா
ஊக்க முடையா னுழை.   594

வெள்ளத் தனைய மலர்நீட்டம் மாந்தர்தம்
உள்ளத் தனையது உயர்வு.   595

உள்ளுவ தெல்லாம் உயர்வுள்ளல் மற்றது
தள்ளினுந் தள்ளாமை நீர்த்து.   596

சிதைவிடத்து ஒல்கார் உரவோர் புதையம்பிற்
பட்டுப்பா டூன்றும் களிறு.   597

உள்ளம் இலாதவர் எய்தார் உலகத்து
வள்ளியம் என்னும் செருக்கு.   598

பரியது கூர்ங்கோட்டது ஆயினும் யானை
வெருஉம் புலிதாக் குறின்.   599

உரமொருவற்கு உள்ள வெறுக்கைஅஃ தில்லார்
மரம்மக்க ளாதலே வேறு.   600

Caibidil 60: **Fuinneamh**

591 Má tá fuinneamh agat tá gach aon ní agat;
     an té atá gan fuinneamh, an leis dáiríre a bhfuil aige?

592 Is fiú go mór paisean aigne a bheith agat; ní buan d'aon ní eile,
     tiocfaidh meath air.

593 Ní chaoinfidh an duine paiseanta an mhaoin a chaillfeadh sé;
     sa díograis atá a mhaoin.

594 Beidh an mhaoin in ann an duine díograiseach a bhaint amach
     as a stuaim féin.

595 Is ag brath ar dhoimhneacht an uisce atá airde an phlanda uisce;
     díograis a chroí a leagfaidh síos an dul chun cinn
     a dhéanfadh an duine.

596 Bíodh an scoth uait i gcónaí, go díograiseach; fiú má theipeann ort,
     fós féin tá sé chomh maith agus dá n-éireodh leat.

597 Ní chúbfaidh an duine díograiseach ón dris;
     ní ghéilleann an eilifint riamh, faoi chith saighead fiú amháin.

598 An té atá gan díograis,
     ní mholfaidh a chomhdhaoine a fhéile.

599 Is ollmhór é, agus starrfhiacla géara aige; ach bíonn eagla
     ar an eilifint nuair a ionsaíonn an tíogar é.

600 Is í do neart agus do ghaois í an lándíograis; iad siúd nach bhfuil
     sí acu, murach a gcló daonna ní bheadh iontu ach crainn.

அதிகாரம் 61: மடி இன்மை

குடியென்னும் குன்றா விளக்கம் மடியென்னும்
மாசூர மாய்ந்து கெடும். 601

மடியை மடியா ஒழுகல் குடியைக்
குடியாக வேண்டு பவர். 602

மடிமடிக் கொண்டொழுகும் பேதை பிறந்த
குடிமடியும் தன்னினும் முந்து. 603

குடிமடிந்து குற்றம் பெருகும் மடிமடிந்து
மாண்ட உளுற்றி லவர்க்கு. 604

நெடுநீர் மறவி மடிதுயில் நான்கும்
கெடுநீரார் காமக் கலன். 605

படியுடையார் பற்றமைந்தக் கண்ணும் மடியுடையார்
மாண்பயன் எய்தல் அரிது. 606

இடிபுரிந்து எள்ளுஞ்சொல் கேட்பர் மடிபுரிந்து
மாண்ட உளுற்றி லவர். 607

மடிமை குடிமைக்கண் தங்கின்தன் ஒன்னார்க்கு
அடிமை புகுத்தி விடும். 608

குடியாண்மை யுள்வந்த குற்றம் ஒருவன்
மடியாண்மை மாற்றக் கெடும். 609

மடியிலா மன்னவன் எய்தும் அடியளந்தான்
தாஅய தெல்லாம் ஒருங்கு. 610

Caibidil 61: **Gan a bheith leisciúil**

601 Múchfar lasair shíoraí uasal na sinsear,
má phlúchtar ag salachar na leisciúlachta í.

602 Más mian leat go mbeadh rath ar do mhuintir,
caith uait an leisciúlacht.

603 An pleidhce a chloíonn leis an leisciúlacht,
is túisce a theaghlach ar lár ná é féin.

604 An rialtóir a thiteann in umar na leisciúlachta
agus nach ndéanann a sheacht ndícheall i gcónaí, feicfidh sé
deireadh lena ghéillsinigh agus an choiriúlacht ag teacht i réim.

605 Siléig, faillí, leisciúlacht, codladh go headra: sin agat anois
an long a bhíonn á bordáil go fonnmhar ag criú gan éifeacht.

606 Drochsheans go n-éireodh go deo le scraiste na díge,
dá bhfágfadh Déamar féin a chuid airgid aige.

607 Maslófar thú agus déanfar magadh fút, más leisceoir thú
nach ndéanann a dhícheall.

608 Má bheireann an leisciúlacht greim ar an rí,
déanfaidh a naimhde daor de.

609 Pé dochar a tharlódh don stát agus dá cheannaireacht,
leigheasfar é má éiríonn an rí as an leisciúlacht.

610 An ceannaire nach bhfuil leisciúlacht ag baint leis,
fada fairsing a bheidh a réim.

அதிகாரம் 62: ஆள்வினை உடைமை

அருமை உடைத்தென்று அசாவாமை வேண்டும்
பெருமை முயற்சி தரும். 611

வினைக்கண் வினைகெடல் ஓம்பல் வினைக்குறை
தீர்ந்தாரின் தீர்ந்தன்று உலகு. 612

தாளாண்மை என்னும் தகைமைக்கண் தங்கிற்றே
வேளாண்மை என்னுஞ் செருக்கு. 613

தாளாண்மை இல்லாதான் வேளாண்மை பேடிகை
வாளாண்மை போலக் கெடும். 614

இன்பம் விழையான் வினைவிழைவான் தன்கேளிர்
துன்பம் துடைத்தூன்றும் தூண். 615

முயற்சி திருவினை ஆக்கும் முயற்றின்மை
இன்மை புகுத்தி விடும். 616

மடியுளாள் மாமுகடி என்ப மடியிலான்
தாளுளாள் தாமரையி னாள். 617

பொறியின்மை யார்க்கும் பழியன்று அறிவறிந்து
ஆள்வினை இன்மை பழி. 618

தெய்வத்தான் ஆகாது எனினும் முயற்சிதன்
மெய்வருத்தக் கூலி தரும். 619

ஊழையும் உப்பக்கம் காண்பர் உலைவின்றித்
தாழாது உஞற்று பவர். 620

Caibidil 62: **Buanseasmhacht**

611 Ná diúltaigh do thasc ar bith dá dhéine é;
tuilleann buanseasmhacht meas.

612 Tréigfidh an domhan an té a thréigfeadh tasc riachtanach;
agus tú á chur i gcrích, coinnigh ort i dtreo is nach dteipfidh ort.

613 Conas a chabhrófá le daoine eile
mura mbainfeadh buanseasmhacht leat?

614 Flaithiúlacht an té atá gan bhuanseasmhacht:
claíomh i lámha an mheatacháin.

615 Is é sciath a mhuintire é an té nach cás leis a phléisiúr féin:
glanfaidh sé a ndeora dá gcuntanós.

616 Le dícheall a thagann maoin; is beo bocht a bheidh an té
nach ndéanfadh a dhícheall.

617 Cloíonn Múdéiví, bandia na bochtaineachta, leis an leisceoir;
cloíonn Laicsmí, bandia an tsaibhris, leis an duine dlúsúil.

618 Ní haon náire é gan maoin a bheith agat; is mór an náire é,
áfach, gan eolas a bhailiú go díograiseach.

619 Fiú dá mbeadh sé sa chinniúint agat nach n-éireodh leat,
cuirfidh dúthracht an t-arán ar an mbord.

620 Bí dúthrachtach, ná héirigh as, agus sárófar an chinniúint.

அதிகாரம் 63: இடுக்கண் அழியாமை

இடுக்கண் வருங்கால் நகுக அதனை
அடுத்தூர்வது அஃதொப்பது இல்.   621

வெள்ளத் தனைய இடும்பை அறிவுடையான்
உள்ளத்தின் உள்ளக் கெடும்.   622

இடும்பைக்கு இடும்பை படுப்பர் இடும்பைக்கு
இடும்பை படாஅ தவர்.   623

மடுத்தவா யெல்லாம் பகடன்னான் உற்ற
இடுக்கண் இடர்ப்பாடு உடைத்து.   624

அடுக்கி வரினும் அழிவிலான் உற்ற
இடுக்கண் இடுக்கட் படும்.   625

அற்றேமென்று அல்லற் படுபவோ பெற்றேமென்று
ஓம்புதல் தேற்றா தவர்.   626

இலக்கம் உடம்பிடும்பைக் கென்று கலக்கத்தைக்
கையாறாக் கொள்ளாதாம் மேல்.   627

இன்பம் விழையான் இடும்பை இயல்பென்பான்
துன்பம் உறுதல் இலன்.   628

இன்பத்துள் இன்பம் விழையாதான் துன்பத்துள்
துன்பம் உறுதல் இலன்.   629

இன்னாமை இன்பம் எனக்கொளின் ஆகுந்தன்
ஒன்னார் விழையுஞ் சிறப்பு.   630

Caibidil 63: **Dóchas in am an ghátair**

621 Coinnigh do mhisneach; aoibh an gháire a chloífidh do chuid
trioblóidí, arís is arís eile.

622 Scuabfar tuillte na dtrioblóidí chun siúil:
sáróidh an aigne ghaoiseach iad.

623 Céasfaidh siad an céasadh, iad siúd nach bhfuil céasta
ag an gcéasadh.

624 Más san abar ataoi, bí ag treabhadh ar aghaidh de shíor
ar nós buabhaill;
tabhair trioblóid do do chuid trioblóidí.

625 Ná bíodh corrabhuais ort agus tú faoi ualach bróin is cráfar
do chrá.

626 An mbeidh siad creachta ag an mbochtaineacht—
iad siúd nach gcloíonn lena gcuid maoine go santach
agus an saol ar a dtoil acu?

627 Tuigeann an duine gaoiseach go leanann léan an cholainn
dhaonna seo,
agus ní chuirfidh an t-anó anró ar bith air.

628 An té nach santaíonn pléisiúir,
is a thuigeann nach féidir anó a sheachaint,
ní bheidh anró go deo air.

629 An té nach santaíonn pléisiúir agus an saol ag dul leis,
ní bheidh anró air agus an saol ag dul ina choinne.

630 Glac leis an anró mar phléisiúr,
agus molfaidh do naimhde féin thú.

2.2 அமைச்சியல்
அதிகாரம் 64: அமைச்சு

கருவியும் காலமும் செய்கையும் செய்யும் அருவினையும் மாண்டது அமைச்சு.	631
வன்கண் குடிகாத்தல் கற்றறிதல் ஆள்வினையோடு ஐந்துடன் மாண்டது அமைச்சு.	632
பிரித்தலும் பேணிக் கொளலும் பிரிந்தார்ப் பொருத்தலும் வல்லது அமைச்சு.	633
தெரிதலும் தேர்ந்து செயலும் ஒருதலையாச் சொல்லலும் வல்லது அமைச்சு.	634
அறனறிந்து ஆன்றமைந்த சொல்லான்எஞ் ஞான்றுந் திறனறிந்தான் தேர்ச்சித் துணை.	635
மதிநுட்பம் நூலோடு உடையார்க்கு அதிநுட்பம் யாஉள முன்நிற் பவை.	636
செயற்கை அறிந்தக் கடைத்தும் உலகத்து இயற்கை அறிந்து செயல்.	637
அறிகொன்று அறியான் எனினும் உறுதி உழையிருந்தான் கூறல் கடன்.	638
பழுதெண்ணும் மந்திரியின் பக்கத்துள் தெவ்வோர் எழுபது கோடி உறும்.	639
முறைப்படச் சூழ்ந்தும் முடிவிலவே செய்வர் திறப்பாடு இலாஅ தவர்.	640

2.2 Airí stáit
Caibidil 64: **An aireacht**

631 Is é is aire ann duine atá in ann gníomh eisceachtúil a shamhlú,
na hacmhainní agus an t-am is gá chun é a chur i gcrích
a bheith aige, agus sás a dhéanta aige.

632 Anuas air sin, rúndaingne, saoránaigh na tíre a chosaint,
foghlaim agus diongbháilteacht—
ní mór don aire na tréithe sin a bheith aige chomh maith.

633 Bíonn an t-aire oilte ar na cúrsaí seo:
deighilt a chothú i measc a chuid naimhde;
na comhghuaillithe a thabhairt le chéile,
athchairdeas a dhéanamh leo siúd a scar leis.

634 Ba chóir go mbeadh aire in ann scéal a mheas,
a chur i gcrích agus a chur i bhfocail go soiléir.

635 Tuigeann sé cad is fíréantacht ann; tá sé in ann labhairt
go heolach; cuireann sé gníomhartha i gcrích go paiteanta;
is dea-chomhairleoir é.

636 An bhfuil tasc ar bith thar chumas an duine fhoghlamtha
a mbeadh sárintleacht aige?

637 Fiú má tá gach eolas agat go teoiriciúil faoi thasc éigin,
cuir i gcrích é ar bhealach a oireann don saol.

638 Ba chóir don rí cluas a thabhairt don dea-chomhairle;
fiú mura bhfuil a fhios aige nó mura n-éisteann sé,
is é dualgas an aire a chomhairle a chur abhaile air go teann.

639 B'fhearr aghaidh a thabhairt ar sheacht gcéad milliún namhaid
ná aire cam a bheith agat.

640 Pleanálann siad go mion é ach níl siad in ann an tasc
a chur i gcrích,
iad siúd atá neamhéifeachtach.

அதிகாரம் 65: சொல்வன்மை

நாநலம் என்னும் நலனுடைமை அந்நலம்
யாநலத்து உள்ளதூஉம் அன்று. 641

ஆக்கமுங் கேடும் அதனால் வருதலால்
காத்தோம்பல் சொல்லின்கண் சோர்வு. 642

கேட்டார்ப் பிணிக்கும் தகையவாய்க் கேளாரும்
வேட்ப மொழிவதாஞ் சொல். 643

திறனறிந்து சொல்லுக சொல்லை அறனும்
பொருளும் அதனினூஉங்கு இல். 644

சொல்லுக சொல்லைப் பிறிதோர்சொல் அச்சொல்லை
வெல்லுஞ்சொல் இன்மை அறிந்து. 645

வேட்பத்தாஞ் சொல்லிப் பிறர்சொல் பயன்கோடல்
மாட்சியின் மாசற்றார் கோள். 646

சொலல்வல்லன் சோர்விலன் அஞ்சான் அவனை
இகல்வெல்லல் யார்க்கும் அரிது. 647

விரைந்து தொழில்கேட்கும் ஞாலம் நிரந்தினிது
சொல்லுதல் வல்லார்ப் பெறின். 648

பலசொல்லக் காமுறுவர் மன்றமா சற்ற
சிலசொல்லல் தேற்றா தவர். 649

இணரூழ்த்தும் நாறா மலரனையர் கற்றது
உணர விரித்துரையா தார். 650

Caibidil 65: **Brí na mbriathra**

641 Is tábhachtaí a bheith deisbhéalach ná go leor buanna eile a bheith agat.

642 Bua cruthaitheach agus bua dochrach é; mar sin, bíodh do chaint gan smál i gcónaí.

643 Labhair go deisbhéalach i dtreo is go mbeadh an t-éisteoir faoi gheasa agat, agus iad siúd nach n-éisteann leat fiú amháin.

644 Bíodh an chaint oiriúnach duit féin agus don éisteoir araon; níl suáilce ná maoin inchurtha leis sin.

645 Abair focal nach sáródh aon fhocal eile é.

646 Bealach na ndaoine sin a bhfuil cáilíochtaí gan cháim acu focail mhealltacha a rá, agus foghlaim ó chaint daoine eile.

647 Más cainteoir cumasach é, dothraochta, lán de choráiste, ní féidir dul i ngleic leis ná é a shárú.

648 Tabharfaidh an domhan aird láithreach ar an té a labhraíonn go soiléir meallacach.

649 Buinneach chainte a bhíonn orthu siúd nach bhfuil in ann labhairt go glé gan cháim, i mbeagán focal.

650 É siúd nach bhfuil in ann é féin a chur in iúl i dtreo is go dtuigfí é, pósae gan chumhracht é.

அதிகாரம் 66: வினைத்தூய்மை

துணைநலம் ஆக்கம் தரூஉம் வினைநலம்
வேண்டிய எல்லாம் தரும்.   651

என்றும் ஒருவுதல் வேண்டும் புகழொடு
நன்றி பயவா வினை.   652

ஓஓதல் வேண்டும் ஒளிமாழ்கும் செய்வினை
ஆஅதும் என்னு மவர்.   653

இடுக்கட் படினும் இளிவந்த செய்யார்
நடுக்கற்ற காட்சி யவர்.   654

எற்றென்று இரங்குவ செய்யற்க செய்வானேல்
மற்றன்ன செய்யாமை நன்று.   655

ஈன்றாள் பசிகாண்பான் ஆயினுஞ் செய்யற்க
சான்றோர் பழிக்கும் வினை.   656

பழிமலைந்து எய்திய ஆக்கத்தின் சான்றோர்
கழிநல் குரவே தலை.   657

கடிந்த கடிந்தொரார் செய்தார்க்கு அவைதாம்
முடிந்தாலும் பீழை தரும்.   658

அழக்கொண்ட எல்லாம் அழப்போம் இழப்பினும்
பிற்பயக்கும் நற்பா லவை.   659

சலத்தால் பொருள்செய்தே மார்த்தல் பசுமட்
கலத்துள்நீர் பெய்திரீஇ யற்று.   660

Caibidil 66: **Roghnaigh an tslí is fearr**

651 Cuirfidh dea-chomhluadar le d'éadáil,
agus cuirfidh dea-ghníomhartha gach riachtanas ar fáil duit.

652 Seachain go deo an gníomh sin nach mbeadh dea-thoradh air
agus nach gcuirfidh le do cháil.

653 Iad siúd a dteastaíonn uathu iad féin a shárú,
seachnaídís gníomh a tharraingeodh míchlú orthu féin.

654 Fiú in am an ghátair, seachnóidh siad an gníomh táir,
iad siúd a bhfuil fís ghlé acu.

655 Ná déan gníomh a mbeadh aithreachas ort ina thaobh;
agus má dhéanann, ná déan arís é.

656 Dá bhfeicfeá fiú do mháthair féin agus í ag fáil bháis den ocras,
ná déan ainghníomh ar scorn le duine uasal é.

657 An rud a chruinnítear ar dhroim an diabhail imíonn sé
ar a bholg, agus b'fhearr a bheith bocht is suáilceach
ná saibhir is cam.

658 Fiú dá n-éireodh leis an ngníomh cam sin is cóir a sheachaint,
fulaingeofar dá bharr.

659 Éadáil a fhaightear le deora daoine eile,
imeoidh le do dheora féin;
an dea-ghníomh, más caillteanas atá ann dá bharr ina thús,
beidh dea-thoradh air ar ball.

660 Bheith sásta le maoin a chruinnítear ar dhroim an diabhail
is ionann sin agus uisce a stóráil i bpota láibe neamhbhácáilte.

137

அதிகாரம் 67: வினைத்திட்பம்

வினைத்திட்பம் என்பது ஒருவன் மனத்திட்பம்
மற்றைய எல்லாம் பிற.   661

ஊறொரால் உற்றபின் ஒல்காமை இவ்விரண்டின்
ஆறென்பர் ஆய்ந்தவர் கோள்.   662

கடைக்கொட்கச் செய்தக்க தாண்மை இடைக்கொட்கின்
எற்றா விழுமந் தரும்.   663

சொல்லுதல் யார்க்கும் எளிய அரியவாம்
சொல்லிய வண்ணம் செயல்.   664

வீறெய்தி மாண்டார் வினைத்திட்பம் வேந்தன்கண்
ஊறெய்தி உள்ளப் படும்.   665

எண்ணிய எண்ணியாங்கு எய்துவர் எண்ணியார்
திண்ணிய ராகப் பெறின்.   666

உருவுகண்டு எள்ளாமை வேண்டும் உருள்பெருந்தேர்க்கு
அச்சாணி அன்னார் உடைத்து.   667

கலங்காது கண்ட வினைக்கண் துளங்காது
தூக்கங் கடிந்து செயல்.   668

துன்பம் உறவரினும் செய்க துணிவாற்றி
இன்பம் பயக்கும் வினை.   669

எனைத்திட்பம் எய்தியக் கண்ணும் வினைத்திட்பம்
வேண்டாரை வேண்டாது உலகு.   670

Caibidil 67: **Gus i ngníomh**

661 Gus i ngníomh is ea daingne aigne; tá gach aon ní eile tánaisteach.

662 Gníomhú gan locht, agus a bheith diongbháilte má tá locht ar an ngníomh, sin iad na conairí a léiríonn na saoithe dúinn.

663 Fógair an tasc nuair a bheidh sé curtha í gcrích; fógair roimh ré é—buairt is imní.

664 Tá an chaint saor; beart de réir do bhriathair—rud annamh.

665 Is maisiú ar ríocht ar bith é an duine a chuireann beart i gcrích, agus moltar go hard dá réir é.

666 Gheobhair a bhfuil uait, má chuireann tú chuige go diongbháilte.

667 Ná maslaigh duine ar a thoirt is a chló; d'fhéadfadh gur dealg acastóra i gcarbad é.

668 Bí soiléir i d'aigne faoin tasc atá curtha romhat agat; ná bí guagach, ná déan moill.

669 Fiú má tá trioblóidí ag roinnt leis an tasc ina thús, tabhair faoi is beidh lúcháir ort sa deireadh.

670 Is cuma cé chomh cumasach is atá siad, níl siad ag teastáil ón saol, mura bhfuil fonn orthu beart a chur i gcrích.

அதிகாரம் 68: வினைசெயல்வகை

சூழ்ச்சி முடிவு துணிவெய்தல் அத்துணிவு
தாழ்ச்சியுள் தங்குதல் தீது. 671

தூங்குக தூங்கிச் செயற்பால தூங்கற்க
தூங்காது செய்யும் வினை. 672

ஒல்லும்வா யெல்லாம் வினைநன்றே ஒல்லாக்கால்
செல்லும்வாய் நோக்கிச் செயல். 673

வினைபகை என்றிரண்டின் எச்சம் நினையுங்கால்
தீயெச்சம் போலத் தெறும். 674

பொருள்கருவி காலம் வினையிடனொடு ஐந்தும்
இருள்தீர எண்ணிச் செயல். 675

முடிவும் இடையூறும் முற்றியாங்கு எய்தும்
படுபயனும் பார்த்துச் செயல். 676

செய்வினை செய்வான் செயன்முறை அவ்வினை
உள்ளறிவான் உள்ளம் கொளல். 677

வினையான் வினையாக்கிக் கோடல் நனைகவுள்
யானையால் யானையாத் தற்று. 678

நட்டார்க்கு நல்ல செயலின் விரைந்ததே
ஒட்டாரை ஒட்டிக் கொளல். 679

உறைசிறியார் உள்நடுங்கல் அஞ்சிக் குறைபெறின்
கொள்வர் பெரியார்ப் பணிந்து. 680

Caibidil 68: **Cur chuige**

671 Deireadh straitéise an mhuinín a bheith agat
 chun beart a chur i gcrích;
 ní maith é moill a chur ar an muinín sin.

672 Cuir ar an méar fhada an tasc sin arbh fhearr moill a chur air;
 ná cuir ar an méar fhada tasc nach féidir moill a chur air.

673 Gníomhaigh nuair is féidir; nuair nach féidir,
 socraigh go ngníomhófar.

674 Smaoinigh air, an tasc nár críochnaíodh, naimhdeas nár réitíodh,
 d'fhéadfadh sé bheith chomh dochrach le gríosach thine.

675 Na hacmhainní, na huirlisí, an t-am, an áit agus an beart—
 déan anailís orthu go léir agus, nuair nach mbeidh amhras ort,
 téigh i mbun gnímh ansin.

676 An cur chuige, an bac a d'fhéadfadh a bheith romhat
 agus toradh an ghnímh—
 smaoinigh orthu go léir, ansin téigh i mbun gnímh.

677 An té atá thar barr i mbun gnímh, gníomhaíonn sé tar éis dó
 dul i gcomhairle le saineolaithe faoi gach gné den scéal.

678 Beart amháin a úsáid chun beart eile a chur i gcrích,
 is ionann sin agus eilifint mhire a cheangal d'eilifint eile.

679 Is práinní ná gar a dhéanamh do chairde,
 cairdeas a dhéanamh le naimhde.

680 Géillfidh stát do stát níos mó ná é, ar eagla sceimhle
 a bhriseadh amach.

அதிகாரம் 69: **தூது**

அன்புடைமை ஆன்ற குடிப்பிறத்தல் வேந்தவாம் பண்புடைமை தூதுரைப்பான் பண்பு.	681
அன்பறிவு ஆராய்ந்த சொல்வன்மை தூதுரைப்பார்க்கு இன்றி யமையாத மூன்று.	682
நூலாருள் நூல்வல்லன் ஆகுதல் வேலாருள் வென்றி வினையுரைப்பான் பண்பு.	683
அறிவுரு ஆராய்ந்த கல்விஇம் மூன்றன் செறிவுடையான் செல்க வினைக்கு.	684
தொகச்சொல்லித் தூவாத நீக்கி நகச்சொல்லி நன்றி பயப்பதாம் தூது.	685
கற்றுக்கண் அஞ்சான் செலச்சொல்லிக் காலத்தால் தக்கது அறிவதாம் தூது.	686
கடனறிந்து காலம் கருதி இடனறிந்து எண்ணி உரைப்பான் தலை.	687
தூய்மை துணைமை துணிவுடைமை இம்மூன்றின் வாய்மை வழியுரைப்பான் பண்பு.	688
விடுமாற்றம் வேந்தர்க்கு உரைப்பான் வடுமாற்றம் வாய்சேரா வன்க ணவன்.	689
இறுதி பயப்பினும் எஞ்சாது இறைவற்கு உறுதி பயப்பதாம் தூது.	690

Caibidil 69: **An toscaire**

681 Grá aige dá ghaolta, é de shliocht dea-theaghlaigh,
meon a thaitneodh le rí ar bith, sin iad cáilíochtaí an toscaire.

682 An grá, an ghaois agus an focal stuama,
trí cháilíocht a chaithfidh a bheith ag an toscaire.

683 An toscaire a bheadh ar misean, agus é ag iarraidh
bua taidhleoireachta a fháil ar rialtóirí eile, ní mór dó a bheith
sách léannta chun an fód a sheasamh i gcomhluadar léannta.

684 Gaois, cuma chóiriúil a bheith air féin agus oideachas
den scoth—má tá siad san go léir aige go rábach,
téadh seisean ar misean taidhleoireachta.

685 Bheith loighciúil, focail ghránna a sheachaint,
aoibh a chur ar chomhluadar:
is bealaí iad sin ag an toscaire chun a chuid spriocanna
a bhaint amach.

686 Duine léannta é an dea-thoscaire, féadann sé breathnú díreach
idir an dá shúil ar éinne, is fiú éisteacht leis agus bíonn straitéisí
tráthúla aige.

687 Chun tosaigh i measc na dtoscairí é an té a thuigeann an tasc,
a chuireann an t-am agus an áit san áireamh,
agus a labhraíonn go gaoiseach.

688 Duine prionsabálta misniúil taitneamhach—sin é an saghas
toscaire atá in ann a theachtaireacht a chur in iúl go hionraic.

689 Ba chóir don toscaire a dhéanann teachtaireacht a sheachadadh
ó rialtóir amháin go rialtóir eile a bheith sách teann chun
nach sciorrfadh focal óna bhéal, focal a mhaslódh a rialtóir féin.

690 Ní mór don toscaire na spriocanna atá ag an rialtóir aige
a chur chun cinn, fiú má chuireann a dhualgas i mbaol báis é.

143

அதிகாரம் 70: மன்னரைச் சேர்ந்தொழுகல்

அகலாது அணுகாது தீக்காய்வார் போல்க
இகல்வேந்தர்ச் சேர்ந்தொழுகு வார். 691

மன்னர் விழைப விழையாமை மன்னரால்
மன்னிய ஆக்கந் தரும். 692

போற்றின் அரியவை போற்றல் கடுத்தபின்
தேற்றுதல் யார்க்கும் அரிது. 693

செவிச்சொல்லும் சேர்ந்த நகையும் அவித்தொழுகல்
ஆன்ற பெரியா ரகத்து. 694

எப்பொருளும் ஓரார் தொடரார்மற் றப்பொருளை
விட்டக்கால் கேட்க மறை. 695

குறிப்பறிந்து காலங் கருதி வெறுப்பில
வேண்டுப வேட்பச் சொலல். 696

வேட்பன சொல்லி வினையில எஞ்ஞான்றும்
கேட்பினும் சொல்லா விடல். 697

இளையர் இனமுறையர் என்றிகழார் நின்ற
ஒளியோடு ஒழுகப் படும். 698

கொளப்பட்டேம் என்றெண்ணிக் கொள்ளாத செய்யார்
துளக்கற்ற காட்சி யவர். 699

பழையம் எனக்கருதிப் பண்பல்ல செய்யும்
கெழுதகைமை கேடு தரும். 700

Caibidil 70: I láthair an rí

691 An t-aire i láthair rí atá cantalach, bíodh sé ar nós duine
   a bheadh á ghoradh féin cois tine—
   gan a bheith rófhada uaithi ná róghar di.

692 Mura santaíonn sé nithe a shantaíonn an rí,
   gheobhaidh an t-aire maoin chun a shástachta.

693 Is fearr fanacht ar an taobh ceart den rí i gcónaí;
   d'fhéadfadh nach mbeadh sé éasca é a cheansú dá n-éireodh sé
   teasaí leat.

694 Ná cuir cogar i gcluas éinne agus ná bí ag scigireacht
   le daoine eile agus tú i láthair saoithe díniteacha.

695 Ná bí ag cúléisteacht le hábhar rúnda ná ag ceistiú ina thaobh;
   cloisfidh tú ina thaobh nuair a nochtfar an scéal.

696 Déan meon an rí a bhrath; fan leis an uain cheart;
   seachain nithe is gráin leis;
   tagair do rudaí riachtanacha amháin, agus beidh sé an-sásta leat.

697 Inis dó faoi nithe a mbeidh sé tógtha leo; ach ná cuirigí
   bhur gcuid ama amú le mionchaint, fiú má tá seisean á lorg.

698 Ná bíodh drochmheas agat air más níos óige ná thú
   nó gaolta leat atá sé;
   bíodh meas agat air de réir a stádais agus de réir a cháile.

699 Iad siúd atá soiléir faoina gcuspóirí ní dhéanfaidh siad
   gníomh táir, á rá leo féin: "Tá meas ag an rí orm."

700 Droch-chríoch atá i ndán don té a bhainfeadh tairbhe as
   a bheith mór leis an rí chun gníomh táir a dhéanamh.

அதிகாரம் 71: *குறிப்பறிதல்*

கூறாமை நோக்கிக் குறிப்பறிவான் எஞ்ஞான்றும்
மாறாநீர் வையக்கு அணி. 701

ஐயப் படாஅது அகத்தது உணர்வானைத்
தெய்வத்தோ டொப்பக் கொளல். 702

குறிப்பிற் குறிப்புணர் வாரை உறுப்பினுள்
யாது கொடுத்தும் கொளல். 703

குறித்தது கூறாமைக் கொள்வாரோ டேனை
உறுப்போ ரனையரால் வேறு. 704

குறிப்பிற் குறிப்புணரா வாயின் உறுப்பினுள்
என்ன பயத்தவோ கண். 705

அடுத்தது காட்டும் பளிங்குபோல் நெஞ்சம்
கடுத்தது காட்டும் முகம். 706

முகத்தின் முதுக்குறைந்தது உண்டோ உவப்பினும்
காயினும் தான்முந் துறும். 707

முகம்நோக்கி நிற்க அமையும் அகம்நோக்கி
உற்ற துணர்வார்ப் பெறின். 708

பகைமையும் கேண்மையும் கண்ணுரைக்கும் கண்ணின்
வகைமை உணர்வார்ப் பெறின். 709

நுண்ணியம் என்பார் அளக்குங்கோல் காணுங்கால்
கண்ணல்லது இல்லை பிற. 710

Caibidil 71: **Is leor nod don eolach**

701 An té atá in ann aigne a léamh, gan siolla a rá,
 maisiú ar an domhan braonach seo is ea é.

702 Ar aon chéim leis na déithe atá an té a bhfuil léamh beacht
 ar aigne daoine eile aige.

703 Aigne daoine eile a léamh trína aigne féin a léamh,
 is cóir don rí bua an duine sin a chúiteamh go maith leis.

704 É siúd a bhraitheann smaointe, agus gan faic ráite,
 is mó ná neach daonna é, ainneoin a chló.

705 Murar féidir gothaí a léamh is a thuiscint,
 cad is fiú na súile a bheith agat i dteannta na mball beatha uile?

706 Ar nós criostail a léireodh gné na nithe sin a bheadh
  ina thimpeall,
 nochtann an aghaidh meon na haigne.

707 Cad atá níos cliste ná an aghaidh?
 Is mear a bhraitheann sé agus a nochtann sé an croí
 atá sásta nó míshásta.

708 Má tá duine in ann féachaint isteach i gcroí an cheannaire
 agus a bhfuil ar intinn aige a thuar, comhlíonfar gach tasc
 ach aghaidh a thabhairt air.

709 Más féidir caolchúis na súl a dhéanamh amach,
 aithneofar an naimhdeas nó an bhá atá iontu.

710 Má smaoiníonn tú air, is ó na súile a thuigeann an duine éirimiúil
 aibí na mothúcháin a bhraitheann an duine eile.

அதிகாரம் 72: அவை அறிதல்

அவையறிந்து ஆராய்ந்து சொல்லுக சொல்லின்
தொகையறிந்த தூய்மை யவர்.   711

இடைதெரிந்து நன்குணர்ந்து சொல்லுக சொல்லின்
நடைதெரிந்த நன்மை யவர்.   712

அவையறியார் சொல்லல்மேற் கொள்பவர் சொல்லின்
வகையறியார் வல்லதூஉம் இல்.   713

ஒளியார்முன் ஒள்ளிய ராதல் வெளியார்முன்
வான்சுதை வண்ணம் கொளல்.   714

நன்றென்ற வற்றுள்ளும் நன்றே முதுவருள்
முந்து கிளவாச் செறிவு.   715

ஆற்றின் நிலைதளர்ந் தற்றே வியன்புலம்
ஏற்றுணர்வார் முன்னர் இழுக்கு.   716

கற்றறிந்தார் கல்வி விளங்கும் கசடறச்
சொல்தெரிதல் வல்லா ரகத்து.   717

உணர்வ துடையார்முன் சொல்லல் வளர்வதன்
பாத்தியுள் நீர்சொரிந் தற்று.   718

புல்லவையுள் பொச்சாந்தும் சொல்லற்க நல்லவையுள்
நன்கு செலச்சொல்லு வார்.   719

அங்கணத்துள் உக்க அமிழ்தற்றால் தங்கணத்தார்
அல்லார்முன் கோட்டி கொளல்.   720

Caibidil 72: **Bheith eolach ar an seomra comhairle**

711 Iad siúd a thuigeann na slite éagsúla atá ann chun tú féin
 a chur in iúl,
 beidh a fhios acu cén lucht éisteachta atá acu agus beidh siad
 tar éis iad a mheas roimh ré.

712 Sula n-osclaíonn tú do bhéal, braith roimh ré conas a ghlacfaidh
 an lucht éisteachta leat agus bíodh gach eolas agat ar an ábhar
 atá idir chamáin.

713 Iad siúd a thugann faoi chaint a dhéanamh ach gan cur amach
 acu ar an lucht éisteachta,
 is dream gan éifeacht iad nach dtuigeann feidhm an fhocail.

714 Bí aigeanta i measc lucht ardéirime,
 agus i measc na n-ainbhiosán bí i do staic ar nós balla aoldaite.

715 Níl tréith níos fearr ná srian a choimeád ort féin,
 gan labhairt ach nuair is gá, agus tú i measc saoithe léannta.

716 Is ionann tú féin a náiriú os comhair daoine léannta a thuigeann
 luach an léinn agus claonadh ó chonair na fíréantachta.

717 Méadófar ar scil an fhir léinn nuair a labhróidh sé
 le lucht éisteachta atá in ann a chaint a thabhairt leo go breá.

718 Labhairt le lucht éisteachta a thuigeann gach focal uait,
 is ionann sin agus buinneán a bheadh ag fás i bplandlann a uisciú.

719 Iad siúd atá in ann labhairt go soiléir ag fóram léinn,
 ba chóir dóibh an chaint sin a sheachaint i gcomhluadar
 gan léann, an sciorradh cainte féin a sheachaint.

720 Labhairt le lucht éisteachta nach bhfuil aon mheas acu ort,
 is ionann sin agus íocshláinte na beatha a dhoirteadh i ndraein.

அதிகாரம் 73: அவை அஞ்சாமை

வகையறிந்து வல்லவை வாய்சோரார் சொல்லின்
தொகையறிந்த தூய்மை யவர்.   721

கற்றாருள் கற்றார் எனப்படுவர் கற்றார்முன்
கற்ற செலச்சொல்லு வார்.   722

பகையகத்துச் சாவார் எளியர் அரியர்
அவையகத்து அஞ்சா தவர்.   723

கற்றார்முன் கற்ற செலச்சொல்லித் தாம்கற்ற
மிக்காருள் மிக்க கொளல்.   724

ஆற்றின் அளவறிந்து கற்க அவையஞ்சா
மாற்றம் கொடுத்தற் பொருட்டு.   725

வாளொடென் வன்கண்ணர் அல்லார்க்கு நூலொடென்
நுண்ணவை அஞ்சு பவர்க்கு.   726

பகையகத்துப் பேடிகை ஒள்வாள் அவையகத்து
அஞ்சு மவன்கற்ற நூல்.   727

பல்லவை கற்றும் பயமிலரே நல்லவையுள்
நன்கு செலச்சொல்லா தார்.   728

கல்லா தவரின் கடையென்ப கற்றறிந்தும்
நல்லார் அவையஞ்சு வார்.   729

உளரெனினும் இல்லாரொடு ஒப்பர் களன்அஞ்சிக்
கற்ற செலச்சொல்லா தார்.   730

Caibidil 73: **Neamheagla sa seomra comhairle**

721 Iad siúd atá oilte ar stíleanna cainte éagsúla,
roghnóidh siad an stíl cheart sa seomra comhairle
agus ní briotach de dheasca imní a bheidh siad.

722 Is iad is léannta ar fad i measc lucht léinn,
iad siúd atá in ann a gcuid léinn a chur in iúl go háititheach
os comhair lucht éisteachta léannta.

723 Is furasta teacht ar shimpleoirí atá sásta bás a fháil
ar pháirc an áir; is deacair teacht orthu siúd a thugann aghaidh
go calma ar lucht éisteachta.

724 Labhair go háititheach os comhair lucht léinn, do chuid cainte
bunaithe ar a bhfuil foghlamtha agat, agus foghlaim ó dhaoine
atá níos léannta ná thú.

725 Roghnaigh na saothair chuí agus foghlaim gramadach na teanga
chun go mbeifeá in ann díospóireacht a dhéanamh le héinne
gan eagla.

726 Cad is fiú claíomh i lámh meatacháin? Cad is fiú leabhair
má tá eagla ort roimh lucht éisteachta léannta?

727 Claíomh géar i lámh an mheatacháin os comhair a chuid naimhde
nó scoláireacht an té a gcuireann fóram faitíos air.

728 D'fhéadfadh ardléann a bheith orthu ach ní fiú broim dreoilín
i sceach iad mura bhfuil siad in ann labhairt go tréan
os comhair dea-lucht éisteachta.

729 Más foghlamtha féin iad, is measa ná ainbhiosáin iad
an dream sin a gcuireann dea-thionól eagla orthu.

730 Má chuireann scéin stáitse as do dhaoine chomh mór sin
nach bhfuil ar a gcumas a gcuid léinn a chur in iúl,
is neamhbheo i measc na mbeo iad.

2.3 அங்கவியல்
அதிகாரம் 74: நாடு

தள்ளா விளையுளும் தக்காரும் தாழ்விலாச் செல்வரும் சேர்வது நாடு.	731
பெரும்பொருளால் பெட்டக்க தாகி அருங்கேட்டால் ஆற்ற விளைவது நாடு.	732
பொறையொருங்கு மேல்வருங்கால் தாங்கி இறைவற்கு இறையொருங்கு நேர்வது நாடு.	733
உறுபசியும் ஓவாப் பிணியும் செறுபகையும் சேரா தியல்வது நாடு.	734
பல்குழுவும் பாழ்செய்யும் உட்பகையும் வேந்தலைக்கும் கொல்குறும்பும் இல்லது நாடு.	735
கேடறியாக் கெட்ட இடத்தும் வளங்குன்றா நாடென்ப நாட்டின் தலை.	736
இருபுனலும் வாய்ந்த மலையும் வருபுனலும் வல்லரணும் நாட்டிற்கு உறுப்பு.	737
பிணியின்மை செல்வம் விளைவின்பம் ஏமம் அணியென்ப நாட்டிற்கிவ் வைந்து.	738
நாடென்ப நாடா வளத்தன நாடல்ல நாட வளந்தரு நாடு.	739
ஆங்கமை வெய்தியக் கண்ணும் பயமின்றே வேந்தமை வில்லாத நாடு.	740

2.3 Bunriachtanais an stáit
Caibidil 74: **An tír**

731 Is é is tír ann, barra nach dteipeann orthu, pobal den scoth,
agus ceannaithe saibhre macánta.

732 Tír atá inmhianaithe de thairbhe a saibhris; tír a n-éiríonn léi
mar nach gcuireann tubaistí nádúrtha rómhór isteach uirthi.

733 Dea-ríocht í an ríocht sin a n-íocann an pobal a gcánacha
agus atá in ann ualach ar bith a iompar le chéile.

734 Ní chuireann gorta mór, galair mharfacha
ná naimhde fíochmhara as don stát a ritear go maith.

735 Ní fhaightear scata faicsean sa stát atá á rith go maith,
ná easaontas dochrach, ná coirpigh mharfacha
a chránn na rialtóirí.

736 Ní bhíonn matalaing aige le déileáil leo; nó má bhíonn,
ní ídítear a chuid acmhainní:
sárnáisiún i measc na náisiún é an náisiún sin.

737 Is é is tír ann ná uisce anuas is uisce aníos ann, sléibhte atá suite
go maith, aibhneacha agus srutháin ag teacht uathu,
agus daingne láidre.

738 Maisiú ar stát ar bith iad an tsláinte, saibhreas, fómhar maith,
sonas is cosaint láidir.

739 Tír nach bhfuil i dtuilleamaí aon duine é an dea-stát;
ní dea-stát í an tír atá ag brath ar acmhainní eachtracha.

740 D'fhéadfadh gach aon ní a bheith ag stát;
ach ní haon tairbhe iad gan rialtóir ceart i gceannas air.

அதிகாரம் 75: *அரண்*

ஆற்று பவர்க்கும் அரண்பொருள் அஞ்சித்தற்
போற்று பவர்க்கும் பொருள்.   741

மணிநீரும் மண்ணும் மலையும் அணிநிழற்
காடும் உடையது அரண்.   742

உயர்வகலம் திண்மை அருமைஇந் நான்கின்
அமைவரண் என்றுரைக்கும் நூல்.   743

சிறுகாப்பிற் பேரிடத்த தாகி உறுபகை
ஊக்கம் அழிப்பது அரண்.   744

கொளற்கரிதாய்க் கொண்டகூழ்த் தாகி அகத்தார்
நிலைக்கெளிதாம் நீரது அரண்.   745

எல்லாப் பொருளும் உடைத்தாய் இடத்துதவும்
நல்லாள் உடையது அரண்.   746

முற்றியும் முற்றா தெறிந்தும் அறைப்படுத்தும்
பற்றற் கரியது அரண்.   747

முற்றாற்றி முற்றி யவரையும் பற்றாற்றிப்
பற்றியார் வெல்வது அரண்.   748

முனைமுகத்து மாற்றலர் சாய வினைமுகத்து
வீறெய்தி மாண்டது அரண்.   749

எனைமாட்சித் தாகியக் கண்ணும் வினைமாட்சி
இல்லார்கண் இல்லது அரண்.   750

Caibidil 75: **Daingean**

741 Is den riachtanas é daingean a bheith ag an ionsaitheoir;
mar an gcéanna, is riachtanas cosanta leis é.

742 Soláthar buan d'uisce glé, gaineamh, sléibhte agus coillte
atá faoi scáth—
tá siad sin go léir ag an daingean láidir.

743 Molann na saineolaithe go mbeadh na tréithe seo a leanas
ag daingean:
é ard, fairsing, dosháraithe, geall le bheith doshroichte.

744 Gan ach beagán áiteanna ar gá cosaint a dhéanamh orthu
agus fairsinge istigh—
milleann daingean mar é muinín lucht a ionsaithe.

745 Is do-ionsaithe é an dea-dhaingean, tá soláthar maith bia ann
agus saol gan dua ag na háitreabhaigh ann.

746 Tá na hacmhainní riachtanacha go léir ag an daingean láidir
agus laochra calma ann a chosnódh é le linn léigir.

747 Ní leagfaidh léigear an daingean láidir, ná tréanionsaí ná imshuí
ná tolladh faoi.

748 Cuideoidh daingean láidir leo siúd a fhanfaidh ann
chun é a chosaint,
chun na naimhde a chuirfeadh faoi léigear é a chloí.

749 Baineann daingean glóir amach dó féin
trí ghlóir na n-áitreabhach ann,
a chloíonn a naimhde go gasta lena ngníomhartha gaisce.

750 Dá fheabhas é an daingean, ní fiú tráithnín é mura bhfuil gaiscígh
á chosaint.

அதிகாரம் 76: பொருள் செயல்வகை

பொருளால் லவரைப் பொருளாகச் செய்யும்
பொருளல்லது இல்லை பொருள். 751

இல்லாரை எல்லாரும் எள்ளுவர் செல்வரை
எல்லாரும் செய்வர் சிறப்பு. 752

பொருளென்னும் பொய்யா விளக்கம் இருளறுக்கும்
எண்ணிய தேயத்துச் சென்று. 753

அறன்ஈனும் இன்பமும் ஈனும் திறனறிந்து
தீதின்றி வந்த பொருள். 754

அருளொடும் அன்பொடும் வாராப் பொருளாக்கம்
புல்லார் புரள விடல். 755

உறுபொருளும் உல்கு பொருளும்தன் ஒன்னார்த்
தெறுபொருளும் வேந்தன் பொருள். 756

அருளென்னும் அன்பீன் குழவி பொருளென்னும்
செல்வச் செவிலியால் உண்டு. 757

குன்றேறி யானைப்போர் கண்டற்றால் தன்கைத்தொன்று
உண்டாகச் செய்வான் வினை. 758

செய்க பொருளைச் செறுநர் செருக்கறுக்கும்
எஃகதனிற் கூரியது இல். 759

ஒண்பொருள் காழ்ப்ப இயற்றியார்க்கு எண்பொருள்
ஏனை இரண்டும் ஒருங்கு. 760

Caibidil 76: **Slite chun cur le maoin**

751 An duine gan tábhacht, déanfaidh maoin tábhachtach é;
     mura ndéanfaidh, ní maoin í.

752 An té a bhíonn thuas óltar deoch air,
     an té a bhíonn thíos buailtear cos air, deirtear.

753 Lampa ar féidir brath air í an mhaoin, a scaipeann an dorchadas;
     leathann sé a sholas mar is mian leis.

754 Fíréantacht agus lúcháir an toradh ar mhaoin a fhaightear
     go cumasach gan dochar a dhéanamh d'aon ní ná d'éinne.

755 Ní fiú í an mhaoin sin a fhaightear gan comhbhá agus grá.

756 Maoin a fhaightear sna gnáthbhealaí, cánacha sa bhaile
     agus creach ón namhaid, foinsí maoine an rí iad sin.

757 An naíonán úd ar a dtugtar atrua, tríd an ngrá a shaolaítear é,
     airíoch saibhir ar a dtugtar maoin a chothaíonn é.

758 Gníomh a dhéanamh agus dóthain maoine a bheith laistiar díot,
     ar nós cnoc a dhreapadh is ea é chun breathnú ar eilifintí
     ag bruíon lena chéile.

759 Airgead a ghnóthú—níl arm níos géire ná é
     chun mórtas do naimhde a ghearradh.

760 Iad siúd a bhfuil go leor maoine saothraithe acu go macánta,
     ní bheidh deacracht acu leis an dá cheann atá fágtha
     (fíréantacht agus grá).

அதிகாரம் 77: படைமாட்சி

உறுப்பமைந்து ஊறஞ்சா வெல்படை வேந்தன்
வெறுக்கையு ளெல்லாம் தலை.   761

உலைவிடத்து ஊறஞ்சா வன்கண் தொலைவிடத்துத்
தொல்படைக் கல்லால் அரிது.   762

ஒலித்தக்கால் என்னாம் உவரி எலிப்பகை
நாகம் உயிர்ப்பக் கெடும்.   763

அழிவின்றி அறைபோகா தாகி வழிவந்த
வன்க ணதுவே படை.   764

கூற்றுடன்று மேல்வரினும் கூடி எதிர்நிற்கும்
ஆற்ற லதுவே படை.   765

மறமானம் மாண்ட வழிச்செலவு தேற்றம்
எனநான்கே ஏமம் படைக்கு.   766

தார்தாங்கிச் செல்வது தானை தலைவந்த
போர்தாங்கும் தன்மை யறிந்து.   767

அடற்கையும் ஆற்றலும் இல்லெனினும் தானை
படைத்தகையால் பாடு பெறும்.   768

சிறுமையும் செல்லாத் துனியும் வறுமையும்
இல்லாயின் வெல்லும் படை.   769

நிலைமக்கள் சால உடைத்தெனினும் தானை
தலைமக்கள் இல்வழி இல்.   770

Caibidil 77: **Cumhacht na bhfórsaí armtha**

761 Ní mór don rí thar gach aon ní eile arm dea-struchtúrtha dochloíte
a bheith aige nach gcuirfeadh aon ní drochmhisneach air.

762 Crógacht is calmacht, beag beann ar an mbás,
ní fheictear sin de ghnáth san arm atá gan taithí.

763 Má thagann arm francach is iad ag búiríl ar nós an aigéin, nach
scaipfidh siad nuair a chloisfidh siad siosarnach na nathrach?

764 Is é is arm ceart ann ná arm a bhfuil calmacht go smior iontu
agus nach ann do mhatalang a gcloíte.

765 Fíor-arm is ea an t-arm sin a bhfuil misneach acu chun troid
le chéile, aontaithe, fiú má thagann Yámá, tiarna an bháis,
sa mhullach orthu.

766 Misneach, mórtas, onóir, iontaofacht—
ceithre cháilíocht a thabharfaidh neart don arm.

767 An t-arm a thuigeann teaictic an airm atá ina gcoinne,
satlóidh siad ar an namhaid.

768 Cé nach mbeadh na scileanna ná na hacmhainní cuí ag arm
chun cogadh a fhearadh,
má bhaineann smacht leis agus má tá ullmhúchán déanta aige,
beidh a ainm in airde.

769 Arm bocht suarach, lán d'fhuath,
ní bhuafaidh arm den sórt sin.

770 D'fhéadfadh arm gaiscígh gan áireamh a bheith aige,
ach mura bhfuil ceannairí nótáilte aige, ní bheidh rath i ndán dó.

அதிகாரம் 78: படைச் செருக்கு

என்னைமுன் நில்லன்மின் தெவ்விர் பலர்என்னை
முன்நின்று கல்நின் றவர்.   771

கான முயலெய்த அம்பினில் யானை
பிழைத்தவேல் ஏந்தல் இனிது.   772

பேராண்மை என்ப தறுகண்ஒன் றுற்றக்கால்
ஊராண்மை மற்றதன் எஃகு.   773

கைவேல் களிற்றொடு போக்கி வருபவன்
மெய்வேல் பறியா நகும்.   774

விழித்தகண் வேல்கொண் டெறிய அழித்திமைப்பின்
ஒட்டன்றோ வன்க ணவர்க்கு.   775

விழுப்புண் படாதநாள் எல்லாம் வழுக்கினுள்
வைக்கும்தன் நாளை எடுத்து.   776

சுழலும் இசைவேண்டி வேண்டா உயிரார்
கழல்யாப்புக் காரிகை நீர்த்து.   777

உறின்உயிர் அஞ்சா மறவர் இறைவன்
செறினும்சீர் குன்றல் இலர்.   778

இழைத்தது இகவாமைச் சாவாரை யாரே
பிழைத்தது ஒறுக்கிற் பவர்.   779

புரந்தார்கண் நீர்மல்கச் சாகிற்பின் சாக்காடு
இரந்துகோள் தக்கது உடைத்து.   780

Caibidil 78: **Mórtas airm**

771 A naimhde, ná tugaigí aghaidh ar mo cheannairese!
　　Is iomaí duine a dhein agus is ina liagáin atá siad anois.

772 Is fearr sleá id' ghlac nár bhuail an eilifint,
　　ná an tsaighead a d'aimsigh an coinín.

773 Calmacht i gcath teist ar fhear ar bith; is treise fós é
　　an té a ghlacann trua don namhaid atá i bpriacail.

774 Caitheann sé sleá leis an eilifint ach maíonn a ghean gáire air
　　nuair a stoitheann sé sleá as féin.

775 Ní cloíte an té a chaochann súil ar a namhaid nuair a chaitear
　　sleá leis, é ag stánadh idir an dá shúil air.

776 Am amú,
　　na laethanta úd nár goineadh i gcath thú.

777 Is ornáidí iad na bráisléid mhurnáin a mhaisíonn an laoch
　　ar luachmhaire dó cáil bhuan ná an dé ann.

778 Nuair a chuirtear tús le cath, na laochra a throideann
　　gan eagla a n-anama orthu, ní thagann laghdú
　　ar a ngus fiú nuair a chuireann an rí srian orthu.

779 Má tá sé réidh chun bás a fháil toisc é a bheith faoi mhóid,
　　cé a chuirfeadh teip ina leith?

780 Má chuireann do bhás do phátrún ag caoineadh,
　　nach fiú go mór bás a lorg?

அதிகாரம் 79: **நட்பு**

செயற்கரிய யாவுள நட்பின் அதுபோல் வினைக்கரிய யாவுள காப்பு.	781
நிறைநீர நீரவர் கேண்மை பிறைமதிப் பின்னீர பேதையார் நட்பு.	782
நவில்தொறும் நூல்நயம் போலும் பயில்தொறும் பண்புடை யாளர் தொடர்பு.	783
நகுதற் பொருட்டன்று நட்டல் மிகுதிக்கண் மேற்சென்று இடித்தற் பொருட்டு.	784
புணர்ச்சி பழகுதல் வேண்டா உணர்ச்சிதான் நட்பாம் கிழமை தரும்.	785
முகநக நட்பது நட்பன்று நெஞ்சத்து அகநக நட்பது நட்பு.	786
அழிவி னவைநீக்கி ஆறுய்த்து அழிவின்கண் அல்லல் உழப்பதாம் நட்பு.	787
உடுக்கை இழந்தவன் கைபோல ஆங்கே இடுக்கண் களைவதாம் நட்பு.	788
நட்பிற்கு வீற்றிருக்கை யாதெனில் கொட்பின்றி ஒல்லும்வாய் ஊன்றும் நிலை.	789
இனையர் இவரெமக்கு இன்னம்யாம் என்று புனையினும் புல்லென்னும் நட்பு.	790

Caibidil 79: **Cairdeas**

781 An bhfuil aon ní níos fearr ná cairdeas a dhéanamh?
 An bhfuil cosaint níos fearr ná é agus tasc á chomhlíonadh agat?

782 I measc saoithe, fásann cairdeas ar nós corrán gealaí is é
 ag líonadh,
 i measc na ndúramán, is é caitheamh na gealaí móire é.

783 Is nuair a léitear i gceart é a thuigtear gach leibhéal den leabhar;
 dá mhéad a chothaítear an cairdeas is ea is mó an t-áthas
 a chuirfidh sé ort.

784 Ní ar mhaithe le spraoi amháin é an cairdeas;
 is d'fhonn rabhadh a thabhairt don chara a bheadh ar strae leis é.

785 Ar mhothúcháin a roinntear eadraibh is ea a thógtar cairdeas;
 níl aon bhaint ag neasacht leis an scéal, ná an cairdeas sin
 a bheith seanbhunaithe.

786 Ní hé an meangadh gáire a chruthaíonn cairdeas;
 an gáire atá in íochtar an chroí a dhéanann é sin.

787 Duine a tharrtháil ón anás, é a stiúradh ar an gconair cheart,
 a chuid trioblóidí a roinnt leis, sin is cairdeas ann.

788 Mar lámh a shocraíonn, gan smaoineamh,
 an gúna a sciorrfadh síos,
 gníomhaíonn cara go grod chun guais a mhaolú.

789 Barr maise ar an gcairdeas is ea é nuair a thacaíonn cara leat
 gan teip i ngach slí.

790 "Táim an-mhór leis; agus eisean an-mhór liomsa"—
 ní gá é sin a rá; baineann sé de loinnir gheal an chairdis.

அதிகாரம் 80: **நட்பாராய்தல்**

நாடாது நட்டலிற் கேடில்லை நட்டபின் வீடில்லை நட்பாள் பவர்க்கு.	791
ஆய்ந்தாய்ந்து கொள்ளாதான் கேண்மை கடைமுறை தான்சாந் துயரம் தரும்.	792
குணனும் குடிமையும் குற்றமும் குன்றா இனனும் அறிந்தியாக்க நட்பு.	793
குடிப்பிறந்து தன்கட் பழிநாணு வானைக் கொடுத்தும் கொளல்வேண்டும் நட்பு.	794
அழச்சொல்லி அல்லது இடித்து வழக்கறிய வல்லார்நட்பு ஆய்ந்து கொளல்.	795
கேட்டினும் உண்டோர் உறுதி கிளைஞருரை நீட்டி அளப்பதோர் கோல்.	796
ஊதியம் என்பது ஒருவற்குப் பேதையார் கேண்மை ஒரீஇ விடல்.	797
உள்ளற்க உள்ளம் சிறுகுவ கொள்ளற்க அல்லற்கண் ஆற்றுப்பார் நட்பு.	798
கெடுங்காலைக் கைவிடுவார் கேண்மை அடுங்காலை உள்ளினும் உள்ளம் சுடும்.	799
மருவுக மாசற்றார் கேண்மையொன் றீத்தும் ஒருவுக ஒப்பிலார் நட்பு.	800

Caibidil 80: **Duine a mheas roimh duit cairdeas a dhéanamh leis**

791 Níl aon rud is mó a dhéanfadh dochar duit ná glacadh le duine mar chara gan é a mheas roimh ré; má ghlactar le cara, is deacair scaoileadh leis arís.

792 Déan é a mheas is a athmheas, nó is tubaisteach an imní a leanfadh é.

793 Tuig na tréithe, an dúchas, na duáilcí agus na suáilcí a bhaineann leis, ansin déan cairdeas leis.

794 Is fiú íoc as cairdeas a dhéanamh le duine de shliocht uasal a gcuirfeadh an náire eagla air.

795 Dá n-imeofá ar bhóthar d'aimhleasa, thabharfadh cara amach duit agus bhainfeadh na deora asat chun bóthar do leasa a léiriú duit —déan do mheas air agus glac lena chairdeas.

796 Tá tairbhe le baint as brón; uirlis is ea é chun cairdeas a mheas agus a thástáil.

797 Nach méanar don té a shéanfadh cairdeas ó ghamal.

798 Ná smaoinigh ar nithe a chuireann isteach ar do dhúthracht; ná glac le cairdeas an té a theithfeadh uait in am an ghátair.

799 An cara a thréigfeadh in am an ghátair thú, crá croí go bás é.

800 Téigh ag lorg cairdis leis an duine gan cháim; déan rud ar bith is gá chun ceangal a bhriseadh le comhghuaillithe anuaisle.

அதிகாரம் 81: **பழைமை**

பழைமை எனப்படுவது யாதெனின் யாதும்
கிழமையைக் கீழ்ந்திடா நட்பு. 801

நட்பிற் குறுப்புக் கெழுதகைமை மற்றதற்கு
உப்பாதல் சான்றோர் கடன். 802

பழகிய நட்பெவன் செய்யுங் கெழுதகைமை
செய்தாங்கு அமையாக் கடை. 803

விழைதகையான் வேண்டி இருப்பர் கெழுதகையாற்
கேளாது நட்டார் செயின். 804

பேதைமை ஒன்றோ பெருங்கிழமை என்றுணர்க
நோதக்க நட்டார் செயின். 805

எல்லைக்கண் நின்றார் துறவார் தொலைவிடத்தும்
தொல்லைக்கண் நின்றார் தொடர்பு. 806

அழிவந்த செய்யினும் அன்பறார் அன்பின்
வழிவந்த கேண்மை யவர். 807

கேளிழுக்கம் கேளாக் கெழுதகைமை வல்லார்க்கு
நாளிழுக்கம் நட்டார் செயின். 808

கெடாஅ வழிவந்த கேண்மையார் கேண்மை
விடாஅர் விழையும் உலகு. 809

விழையார் விழையப் படுப பழையார்கண்
பண்பின் தலைப்பிரியா தார். 810

Caibidil 81: **Comhbhá**

801 Nuair a thugann cara leat faoi rud éigin a dhéanamh,
agus nuair nach gcuireann tú stop leis, sin is comhbhá ann.

802 Cuid den chairdeas í an tsaoirse; cur leis an tsaoirse sin
dualgas an duine uasail.

803 Cén cuspóir atá le cairdeas dlúth, nuair nach ligtear do chara
rud éigin a dhéanamh de bharr cairdis?

804 Má dhéanann cara leat gar duit, gan chuireadh gan iarraidh,
glactar leis amhail is dá mbeadh iarrtha agat air é a dhéanamh.

805 Ná cuir ainbhios glan ina leith má dhéanann cara leat gníomh
a ghortódh thú: féach air mar chomhartha dlúthchaidrimh.

806 Cara a sheas leat i gcónaí, fiú má dhéanann sé dochar duit—
smaoinigh ar chroí mór an chairdis agus ná scar go deo leis.

807 An cairdeas atá bunaithe ar ghrá, ní thagann laghdú ar bith
ar an ngrá sin fiú má dhéantar gníomh dochrach.

808 An té nach n-éisteann le ráflaí faoi dhlúthchara leis,
beidh sé ullamh don lá nuair a rachaidh a chara amú.

809 Má tá dáimh agat le cara, ní ligfeá don domhan mór aon dochar
a dhéanamh don chairdeas atá eadraibh.

810 An té nach dual dó dlúthchairdeas a bhriseadh,
beidh gean ag a naimhde féin air.

அதிகாரம் 82: **தீ நட்பு**

பருகுவார் போலினும் பண்பிலார் கேண்மை
பெருகலிற் குன்றல் இனிது. 811

உறின்நட்டு அறின்ஒருஉம் ஒப்பிலார் கேண்மை
பெறினும் இழப்பினும் என். 812

உறுவது சீர்தூக்கும் நட்பும் பெறுவது
கொள்வாரும் கள்வரும் நேர். 813

அமரகத்து ஆற்றறுக்கும் கல்லாமா அன்னார்
தமரின் தனிமை தலை. 814

செய்தேமஞ் சாராச் சிறியவர் புன்கேண்மை
எய்தலின் எய்தாமை நன்று. 815

பேதை பெருங்கெழீஇ நட்பின் அறிவுடையார்
ஏதின்மை கோடி உறும். 816

நகைவகைய ராகிய நட்பின் பகைவரால்
பத்தடுத்த கோடி உறும். 817

ஒல்லும் கருமம் உடற்று பவர்கேண்மை
சொல்லாடார் சோர விடல். 818

கனவினும் இன்னாது மன்னோ வினைவேறு
சொல்வேறு பட்டார் தொடர்பு. 819

எனைத்தும் குறுகுதல் ஓம்பல் மனைக்கெழீஇ
மன்றில் பழிப்பார் தொடர்பு. 820

Caibidil 82: **Droch-chairdeas**

811 Ba dhóigh leat orthu go n-íosfaidís thú tá tú chomh milis sin;
lig don chairdeas mí-ionraic dul i léig.

812 Droch-chairde atá mór leat más buntáiste dóibh é
agus nach mbacfadh leat murab ea—
nach cuma má thagann meath ar an gcairdeas sin mar leá
mhún Mhóire.

813 An cara a mheánn an brabús is féidir a bhaint as cairdeas
a dhéanamh leat, nó an striapach atá mór
le custaiméir an airgid, is gadaithe iad go léir.

814 B'fhearr a bheith leat féin ná comhluadar den sórt sin
a bheith agat:
droch-chara, is geall le capall fút nár traenáladh is sibh
ar pháirc an chatha.

815 Is cuma cad a dhéanfá, ní bheadh suarachán in ann tú
a chosaint—
b'fhearr fanacht ón gcairdeas nach bhfuil mar bhonn leis
ach baois.

816 Is fearr míle uair saoi a bheith mar namhaid agat ná daoi
a bheith mór leat.

817 Is fearr milliún uair é naimhde a bheith agat
ná cairde nach mbíonn ar siúl acu ach magadh.

818 Má tá cara leat a ligeann air nach bhfuil sé in ann a dhualgas
a dhéanamh,
lig don cheangal eadraibh dul i léig.

819 Ceangal leis an té nach ndéanann beart de réir a bhriathair,
faraor, leanann rúscam raindí a leithéid sin a thruailleodh
do bhrionglóidí fiú amháin.

820 Ná bíodh ceangal go deo agat leis an té a mholfadh
go príobháideach is a cháinfeadh go poiblí thú.

அதிகாரம் 83: கூடா நட்பு

சீரிடம் காணின் எறிதற்குப் பட்டடை
நேரா நிரந்தவர் நட்பு.   821

இனம்போன்று இனமல்லார் கேண்மை மகளிர்
மனம்போல வேறு படும்.   822

பலநல்ல கற்றக் கடைத்தும் மனநல்லர்
ஆகுதல் மாணார்க்கு அரிது.   823

முகத்தின் இனிய நகாஅ அகத்தின்னா
வஞ்சரை அஞ்சப் படும்.   824

மனத்தின் அமையா தவரை எனைத்தொன்றும்
சொல்லினால் தேறற்பாற்று அன்று.   825

நட்டார்போல் நல்லவை சொல்லினும் ஒட்டார்சொல்
ஒல்லை உணரப் படும்.   826

சொல்வணக்கம் ஒன்னார்கண் கொள்ளற்க வில்வணக்கம்
தீங்கு குறித்தமை யான்.   827

தொழுதகை யுள்ளும் படையொடுங்கும் ஒன்னார்
அழுதகண் ணீரும் அனைத்து.   828

மிகச்செய்து தம்மெள்ளு வாரை நகச்செய்து
நட்பினுள் சாப்புல்லற் பாற்று.   829

பகைநட்பாம் காலம் வருங்கால் முகநட்டு
அகநட்பு ஒரீஇ விடல்.   830

Caibidil 83: **Cairdeas nach bhfuil bonn faoi**

821 Cairde na soininne,
 nó naimhde na doininne.

822 Croí guagach a bhíonn ag an duine sin a mhaíonn é
 a bheith mór leat ach nach bhfuil dáimh aige leat.

823 B'fhéidir gur oilte atá sé agus go leor dea-leabhar léite aige
 ach cuir síoda ar ghabhar agus is gabhar i gcónaí é.

824 Bíodh eagla ort roimh scéiméirí séimhe sionnachúla.

825 Mura bhfuil dhá chroí ag teacht lena chéile, ná bí ag brath
 ar an bhfocal eadraibh.

826 Cé go dtagann an focal caoin macánta uaidh, faoi mar ba chara
 leat é, nochtfar an chalaois atá laistiar d'fhocal an namhad.

827 Ní chun umhlú duit é an bogha atá tarraingthe.
 Ní ar mhaithe leat atá do namhaid ag beannú duit.

828 An dá lámh urramacha, d'fhéadfadh arm a bheith ceilte acu;
 is é an scéal céanna é ag deora do namhad.

829 Cairdiúil ar an taobh amuigh, tarcaisneach ar an taobh istigh,
 cuir suas le daoine den sórt sin ach lig bhur gcaidreamh i léig.

830 Más gá a bheith cuideachtúil le do naimhde, bí páirteach ann
 gan do chroí a bheith ann.

அதிகாரம் 84: பேதைமை

பேதைமை என்பதொன்று யாதெனின் ஏதங்கொண்டு ஊதியம் போக விடல்.	831
பேதைமையு ளெல்லாம் பேதைமை காதன்மை கையல்ல தன்கட் செயல்.	832
நாணாமை நாடாமை நாரின்மை யாதொன்றும் பேணாமை பேதை தொழில்.	833
ஓதி உணர்ந்தும் பிறர்க்குரைத்தும் தானடங்காப் பேதையின் பேதையார் இல்.	834
ஒருமைச் செயலாற்றும் பேதை எழுமையும் தான்புக் கழுந்தும் அளறு.	835
பொய்படும் ஒன்றோ புனைபூணும் கையறியாப் பேதை வினைமேற் கொளின்.	836
ஏதிலார் ஆரத் தமர்பசிப்பர் பேதை பெருஞ்செல்வம் உற்றக் கடை.	837
மையல் ஒருவன் களித்தற்றால் பேதைதன் கையொன்று உடைமை பெறின்.	838
பெரிதினிது பேதையார் கேண்மை பிரிவின்கண் பீழை தருவதொன்று இல்.	839
கழாஅக்கால் பள்ளியுள் வைத்தற்றால் சான்றோர் குழாஅத்துப் பேதை புகல்.	840

Caibidil 84: **Baois**

831 Is é is baois ann ná glacadh leis an uile ní atá dochrach,
agus diúltú don uile ní a dhéanfadh do leas.

832 Ní baois go dúil a bheith agat i rud
nach mbeidh agat go deo.

833 Tréithe an amadáin: bheith gan mhairg gan scrupall, bheith gan
chuspóir, bheith gan atrua, gan meas a bheith agat ar aon ní.

834 Níl gamal níos mó ann ná an té a léigh agus a d'fhoghlaim a lán,
agus a mhúin an méid a d'fhoghlaim sé, ach nár lean
a theagasc féin.

835 Tá an dúramán in ann ifreann a ghnóthú dó féin sa saol seo
agus ar feadh seacht saol eile ina dhiaidh sin.

836 Má thugann pleidhce místuama faoi thasc éigin,
ní hamháin go dteipfidh air, beidh slabhraí ag feitheamh leis.

837 Má thagann amadán ar shaibhreas mór,
beidh cuireadh chun féasta ag an strainséir
agus a mhuintir féin ar an ngannchuid.

838 Má fhaigheann gamal greim ar mhaoin,
is geall le duine a bhí maith go leor cheana
agus é ar a chaid anois.

839 Is deas an rud é cairdeas a dhéanamh le dúramáin;
ní shiltear deoir ar bith ar lá na scarúna.

840 Gamal i measc na n-uasal léannta
nó spága salacha ar bhraillíní bána.

அதிகாரம் 85: **புல்லறிவாண்மை**

அறிவின்மை இன்மையுள் இன்மை பிறிதின்மை
இன்மையா வையாது உலகு.   841

அறிவிலான் நெஞ்சுவந்து ஈதல் பிறிதுயாதும்
இல்லை பெறுவான் தவம்.   842

அறிவிலார் தாம்தம்மைப் பீழிக்கும் பீழை
செறுவார்க்கும் செய்தல் அரிது.   843

வெண்மை எனப்படுவது யாதெனின் ஒண்மை
உடையம்யாம் என்னும் செருக்கு.   844

கல்லாத மேற்கொண்டு ஒழுகல் கசடற
வல்லதூஉம் ஐயம் தரும்.   845

அற்றம் மறைத்தலோ புல்லறிவு தம்வயின்
குற்றம் மறையா வழி.   846

அருமறை சோரும் அறிவிலான் செய்யும்
பெருமிறை தானே தனக்கு.   847

ஏவவும் செய்கலான் தான்தேறான் அவ்வுயிர்
போஒம் அளவுமோர் நோய்.   848

காணாதான் காட்டுவான் தான்காணான் காணாதான்
கண்டானாம் தான்கண்ட வாறு.   849

உலகத்தார் உண்டென்பது இல்லென்பான் வையத்து
அலகையா வைக்கப் படும்.   850

Caibidil 85: **Aineolas**

841 Easpa gaoise an easpa is mó;
is cuma leis an saol cad eile a bheadh in easnamh ort.

842 Má thugann an daoi rud éigin uaidh le croí mór,
tá sé tuillte go maith ag an bhfear eile
(de bharr a dhea-ghníomhartha i saol roimhe seo).

843 An dochar a dhéanfadh an t-ainbhiosán dó féin—
ní sháródh a namhaid é.

844 Galar an ainbhiosáin:
síleann sé go bhfuil gach rud ar eolas aige.

845 Oscail do bhéal faoi nithe nach bhfuil eolas agat ina dtaobh
agus beifear in amhras faoin méid a bhfuil gach eolas agat
ina thaobh.

846 Dúramán a thabharfadh faoina bhaill ghiniúna a chlúdach
d'fhonn a n-easnamh a cheilt.

847 Má thugtar teagasc luachmhar d'ainbhiosán
agus mura dtuigfidh sé é, déanfaidh sé an-dochar dó féin.

848 Ní thabharfaidh sé aird ar éinne eile ná air féin:
is ualach air féin é go bás.

849 Is dall an té a mhúinfeadh radharc don dall;
an té atá sa doircheacht, ní léir dó ach an doircheacht.

850 An rud a dhearbhaíonn an saoi, bréagnaíonn an daoi é;
measfar é ina mhua sa saol seo.

அதிகாரம் 86: இகல்

இகலென்ப எல்லா உயிர்க்கும் பகலென்னும் பண்பின்மை பாரிக்கும் நோய்.	851
பகல்கருதிப் பற்றா செயினும் இகல்கருதி இன்னாசெய் யாமை தலை.	852
இகலென்னும் எவ்வநோய் நீக்கின் தவலில்லாத் தாவில் விளக்கம் தரும்.	853
இன்பத்துள் இன்பம் பயக்கும் இகலென்னும் துன்பத்துள் துன்பம் கெடின்.	854
இகலெதிர் சாய்ந்தொழுக வல்லாரை யாரே மிகலூக்கும் தன்மை யவர்.	855
இகலின் மிகலினிது என்பவன் வாழ்க்கை தவலும் கெடலும் நணித்து.	856
மிகல்மேவல் மெய்ப்பொருள் காணார் இகல்மேவல் இன்னா அறிவி னவர்.	857
இகலிற்கு எதிர்சாய்தல் ஆக்கம் அதனை மிகலூக்கின் ஊக்குமாம் கேடு.	858
இகல்காணான் ஆக்கம் வருங்கால் அதனை மிகல்காணும் கேடு தரற்கு.	859
இகலானாம் இன்னாத எல்லாம் நகலானாம் நன்னயம் என்னும் செருக்கு.	860

Caibidil 86: **Clampar**

851 Galar an chlampair,
    fuath is cúis leis, a deir na saoithe.

852 Tarlaíonn easaontas; má mhaslaítear sinn, is den tábhacht é
    clampar a sheachaint.

853 Más féidir galar cráite an chlampair a leigheas,
    beidh clú go deo ar fhear an réitigh.

854 Níl ainnise níos mó ann ná clampar is easaontas; nuair a thagann
    grá an réitigh in áit an chlampair, bíonn lúcháir ar chách.

855 Go deimhin, cé a chuirfeadh in aghaidh an té a sháraigh
    gach easaontas?

856 An té a deir gur fearr an t-imreas na an t-uaigneas,
    níl i ndán dó ach fulaingt agus éag.

857 Ní léireofar dó go deo an fhírinne tharchéimnitheach,
    an sleamhnánaí sin atá tugtha don imreas.

858 Cúlú ón imreas is maith;
    cuireadh chun díobhála is ea ligean dó borradh.

859 Ní thugtar imreas faoi deara nuair a thagann maitheas as;
    nuair is olc a thoradh, cáintear é.

860 Éiríonn gach saghas mí-áidh as imreas. An saibhreas mór—
    dea-ghníomhartha agus lúcháir gach áit,
    an meangadh gáire muinteartha is cúis leis sin.

அதிகாரம் 87: பகை மாட்சி

வலியார்க்கு மாநேற்றல் ஓம்புக ஓம்பா
மெலியார்மேல் மேக பகை. 861

அன்பிலன் ஆன்ற துணையிலன் தான்துவ்வான்
என்பரியும் ஏதிலான் துப்பு. 862

அஞ்சும் அறியான் அமைவிலன் ஈகலான்
தஞ்சம் எளியன் பகைக்கு. 863

நீங்கான் வெகுளி நிறையிலன் எஞ்ஞான்றும்
யாங்கணும் யார்க்கும் எளிது. 864

வழிநோக்கான் வாய்ப்பன செய்யான் பழிநோக்கான்
பண்பிலன் பற்றார்க்கு இனிது. 865

காணாச் சினத்தான் கழிபெருங் காமத்தான்
பேணாமை பேணப் படும். 866

கொடுத்தும் கொளல்வேண்டும் மன்ற அடுத்திருந்து
மாணாத செய்வான் பகை. 867

குணனிலனாய்க் குற்றம் பலவாயின் மாற்றார்க்கு
இனனிலனாம் ஏமாப்பு உடைத்து. 868

செறுவார்க்குச் சேணிகவா இன்பம் அறிவிலா
அஞ்சும் பகைவர்ப் பெறின். 869

கல்லான் வெகுளும் சிறுபொருள் எஞ்ஞான்றும்
ஒல்லானை ஒல்லாது ஒளி. 870

Caibidil 87: **Cumhacht an naimhdis**

861 Seachain naimhdeas a dhéanamh leis an tréan;
ach ná teipeadh ort naimhdeas a dhéanamh leis an lag.

862 Conas a d'fhéadfadh duine gan grá ina chroí, gan cara sa chúirt,
gan aon bhua ar leith a bheith aige—conas a sheachnódh
a leithéid de dhuine neart an namhad?

863 Créatúr eaglach, gan chara gan chompánach—
creach éasca dá naimhde é.

864 Feargach de shíor, níl sé in ann rún a choimeád—
ní saor óna naimhde go deo é, áit ar bith.

865 Ní cheadaíonn sé na treoirleabhair, ní thapaíonn sé an deis,
is cuma sa diabhal leis má náirítear é, tá an drochbhraon ann
—is breá lena naimhde an duine sin.

866 An té atá i ngreim na feirge is na drúise,
ba bhreá lena naimhde greim a fháil air siúd.

867 Is é féin an namhaid is mó atá aige—thabharfá rud ar bith
le bheith mar namhaid aige.

868 Ar easpa dea-cháilíochtaí, é lán de lochtanna, ar easpa
comhghuaillithe, neach mar é cuidíonn sé lena naimhde.

869 Lá lúcháire é don té a fhaigheann amadán faiteach mar namhaid.

870 Aineolach, taghdach, é ina scraiste na díge—
níl dea-chlú i ndán dó.

அதிகாரம் 88: பகைத்திறம் தெரிதல்

பகையென்னும் பண்பி லதனை ஒருவன் நகையேயும் வேண்டற்பாற்று அன்று.	871
வில்லேர் உழவர் பகைகொளினும் கொள்ளற்க சொல்லேர் உழவர் பகை.	872
ஏமுற் றவரினும் ஏழை தமியனாய்ப் பல்லார் பகைகொள் பவன்.	873
பகைநட்பாக் கொண்டொழுகும் பண்புடை யாளன் தகைமைக்கண் தங்கிற்று உலகு.	874
தன்துணை இன்றால் பகையிரண்டால் தான்ஒருவன் இன்துணையாக் கொள்கவற்றின் ஒன்று.	875
தேறினும் தேறா விடினும் அழிவின்கண் தேறான் பகாஅன் விடல்.	876
நோவற்க நொந்தது அறியார்க்கு மேவற்க மென்மை பகைவ ரகத்து.	877
வகையறிந்து தற்செய்து தற்காப்ப மாயும் பகைவர்கண் பட்ட செருக்கு.	878
இளைதாக முள்மரம் கொல்க களையுநர் கைகொல்லும் காழ்த்த விடத்து.	879
உயிர்ப்ப உளரல்லர் மன்ற செயிர்ப்பவர் செம்மல் சிதைக்கலா தார்.	880

Caibidil 88: **Nádúr an naimhdis a thuiscint**

871 Ná santaigh fuath,
     d'fhíor nó d'ábhacht.

872 Rud amháin is ea an treabhdóir mar namhaid agat
     is gan aige ach a chéachta—
     rud eile is ea duine a bhfuil an focal géar aige i d'aghaidh.

873 An té a chuireann scata ina choinne, leis féin, níl aon oidhre air
     ach gealt.

874 An té atá in ann namhaid a iompú ina chara,
     glacann an domhan go léir scíth faoi scáil a chumais.

875 Mura bhfuil de chomhghuaillithe agat ach beirt naimhde,
     b'fhearr duit a bheith mór le duine acu.

876 Bíodh eolas nó ná bíodh ag do namhaid ar do chás,
     ná bí mór leis agus ná tit amach leis ach oiread.

877 Níl maith a bheith ag casaoid mura bhfuil an duine eile
     ag éisteacht; ná nocht do laigí os comhair do naimhde.

878 Fios do ghnó a bheith agat, tú féin is do chóir chosanta
     a ullmhú—
     ní fada a mhairfidh mórtas do namhad.

879 Glan an dris fad agus atá sí caol; lánfhásta,
     gearrfaidh sí lámha an ghortghlantóra.

880 Murar féidir mórtas an namhad a mhilleadh,
     leagfaidh sé le puth anála thú.

அதிகாரம் 89: உட்பகை

நிழல்நீரும் இன்னாத இன்னா தமர்நீரும்
இன்னாவாம் இன்னா செயின். 881

வாள்போல் பகைவரை அஞ்சற்க அஞ்சுக
கேள்போல் பகைவர் தொடர்பு. 882

உட்பகை அஞ்சித்தற் காக்க உலைவிடத்து
மட்பகையின் மாணத் தெறும். 883

மனமாணா உட்பகை தோன்றின் இனமாணா
ஏதம் பலவுந் தரும். 884

உறல்முறையான் உட்பகை தோன்றின் இறல்முறையான்
ஏதம் பலவுந் தரும். 885

ஒன்றாமை ஒன்றியார் கட்படின் எஞ்ஞான்றும்
பொன்றாமை ஒன்றல் அரிது. 886

செப்பின் புணர்ச்சிபோல் கூடினும் கூடாதே
உட்பகை உற்ற குடி. 887

அரம்பொருத பொன்போலத் தேயும் உரம்பொருது
உட்பகை உற்ற குடி. 888

எட்பக வன்ன சிறுமைத்தே ஆயினும்
உட்பகை உள்ளதாம் கேடு. 889

உடம்பாடு இலாதவர் வாழ்க்கை குடங்கருள்
பாம்போடு உடனுறைந் தற்று. 890

Caibidil 89: **An namhaid laistigh**

881 D'fhéadfadh scáil nó uisce, más nimhneach iad,
dochar a dhéanamh duit;
do mhuintir féin mar an gcéanna, má iompaíonn siad
i do choinne.

882 Ná bíodh eagla ort roimh an namhaid agus claíomh á bhagairt aige;
ach bíodh eagla ort roimh chara bréige; is olc an ceangal é.

883 Seachain an namhaid laistigh agus cosain tú féin air
nó, má bhíonn trioblóid ann, gortófar thú mar a ghabhann
uirlis an photaire trí chré, gan teip.

884 Nuair a tharlaíonn teannas inmheánach, déanann sé an aigne
suaite, agus nochtar laigí a chuireann an chlann as a riocht.

885 Má bhíonn uisce faoi thalamh ann i dteaghlach
músclófar laigí marfacha go leor.

886 Ní éalófar ón mbás
má éiríonn aighneas i measc do mhuintire.

887 An teaghlach a bhfuil aighneas ann, ní bheidh sé aontaithe
go deo, fiú má fhéachann sé ar nós cisteoige agus claibín uirthi.

888 Mar mhiotal a scríobfaí le líomhán, creimfear clann théagartha
ag an namhaid laistigh.

889 Más lú ná dubh d'iongan é, fós féin cónaíonn matalang
san aighneas inmheánach.

890 An té a mhairfeadh le daoine a bhfuil a gcroí suaite, is geall le
cónaí i mbothán é is gan de chomhluadar agat ach nathair.

அதிகாரம் 90: பெரியாரைப் பிழையாமை

ஆற்றுவார் ஆற்றல் இகழாமை போற்றுவார்
போற்றலு ளெல்லாம் தலை.   891

பெரியாரைப் பேணாது ஒழுகின் பெரியாரால்
பேரா இடும்பை தரும்.   892

கெடல்வேண்டின் கேளாது செய்க அடல்வேண்டின்
ஆற்று பவர்கண் இழுக்கு.   893

கூற்றத்தைக் கையால் விளித்தற்றால் ஆற்றுவார்க்கு
ஆற்றாதார் இன்னா செயல்.   894

யாண்டுச்சென்று யாண்டும் உளராகார் வெந்துப்பின்
வேந்து செறப்பட் டவர்.   895

எரியால் சுடப்படினும் உய்வுண்டாம் உய்யார்
பெரியார்ப் பிழைத்தொழுகு வார்.   896

வகைமாண்ட வாழ்க்கையும் வான்பொருளும் என்னாம்
தகைமாண்ட தக்கார் செறின்.   897

குன்றன்னார் குன்ற மதிப்பின் குடியொடு
நின்றன்னார் மாய்வர் நிலத்து.   898

ஏந்திய கொள்கையார் சீறின் இடைமுரிந்து
வேந்தனும் வேந்து கெடும்.   899

இறந்தமைந்த சார்புடைய ராயினும் உய்யார்
சிறந்தமைந்த சீரார் செறின்.   900

Caibidil 90: **Gan caitheamh anuas ar dhaoine cumasacha**

891 An té ar luachmhar leis a anam, beidh sé mar thosaíocht aige gan caitheamh anuas ar dhaoine cumasacha.

892 Má chuirimid olc ar na rialtóirí, déanfaidh siad dochar dúinn gan trua gan taise.

893 Más féinmhilleadh atá uait, bí beag beann orthu siúd atá in ann tusa a mhilleadh agus bí ag caitheamh anuas orthu.

894 An lag ag iarraidh dochar a dhéanamh don tréan, is ionann sin agus fáilte Uí Cheallaigh a chur roimh dhia an bháis.

895 Cuir olc ar rialtóir, agus ní bheidh aon éalú uaidh, aon áit, go deo.

896 D'fhéadfá teacht slán as tine ach ní as rialtóir a mhaslú.

897 Cad is fiú gach gné de do shaol a bheith go breá, agus a bheith chomh saibhir le Déamar, má chuireann tú olc ar rialtóirí cumasacha.

898 An dream a bhfuil cuma dhaingean orthu, tiocfaidh leá mhún Mhóire orthu féin is ar a sliocht, má mhaslaítear na huaisle atá i gceannas.

899 An t-impire féin, beidh deireadh lena ré má chuireann sé olc ar lucht na n-ard-idéal.

900 D'fhéadfadh na comhghuaillithe is fearr amuigh a bheith aige, ach ní haon mhaith iad má chuirtear fíoch ar na huaisle suáilceacha.

அதிகாரம் 91: பெண்வழிச் சேறல்

மனைவிழைவார் மாண்பயன் எய்தார் வினைவிழையார்
வேண்டாப் பொருளும் அது.   901

பேணாது பெண்விழைவான் ஆக்கம் பெரியதோர்
நாணாக நாணுத் தரும்.   902

இல்லாள்கண் தாழ்ந்த இயல்பின்மை எஞ்ஞான்றும்
நல்லாருள் நாணுத் தரும்.   903

மனையாளை அஞ்சும் மறுமையி லாளன்
வினையாண்மை வீறெய்தல் இன்று.   904

இல்லாளை அஞ்சுவான் அஞ்சுமற் றெஞ்ஞான்றும்
நல்லார்க்கு நல்ல செயல்.   905

இமையாரின் வாழினும் பாடிலரே இல்லாள்
அமையார்தோள் அஞ்சு பவர்.   906

பெண்ணேவல் செய்தொழுகும் ஆண்மையின் நாணுடைப்
பெண்ணே பெருமை உடைத்து.   907

நட்டார் குறைமுடியார் நன்றாற்றார் நன்னுதலாள்
பெட்டாங்கு ஒழுகு பவர்.   908

அறவினையும் ஆன்ற பொருளும் பிறவினையும்
பெண்ஏவல் செய்வார்கண் இல்.   909

எண்சேர்ந்த நெஞ்சத் திடனுடையார்க்கு எஞ்ஞான்றும்
பெண்சேர்ந்தாம் பேதைமை இல்.   910

Caibidil 91: **Sodar i ndiaidh na mban céile**

901 Ní bheidh rath ar an té a bheadh ag sodar i ndiaidh a chéile mná;
tréith is ea í sin a sheachnaíonn an duine cumasach.

902 Náireofar thú os comhair an tsaoil, má chuireann tú
do mhaoin amú ar mhianta do chéile.

903 Géilleadh do mhianta do chéile,
is an-chiotach don dea-fhear a leithéid sin.

904 Níl faic i ndán don fhear a gcuireann a bhean faitíos air;
ní bheidh clú air; ní bheidh sé ina mháistir ar cheird ar bith.

905 An té a gcuireann a bhean faitíos air,
ní bheidh sé in ann gníomh fónta a dhéanamh fiú
don duine fónta.

906 D'fhéadfadh cónaí a bheith ort i measc neacha neimhe,
ach más eagal leat cuar ghuaillí do chéile, níl seasamh ar bith agat.

907 Is mó de dhíol molta í an bhean thámáilte
ná an fear a dhamhsódh do phort a chéile.

908 An té atá meallta ag braoithe a chéile,
ní fiú tráithnín é dó féin ná dá chairde.

909 An té atá faoi bhos an chait ag a bhean, ní bheidh ar a chumas
gníomhartha fónta a chur i gcrích, ná maoin a chruinniú,
ná blaiseadh de phléisiúir éagsúla an tsaoil.

910 An duine machnamhach meabhrach, ní bhacfadh sé
leis an mbaois a bhaineann le géilleadh do spadhar a mhná.

அதிகாரம் 92: வரைவின் மகளிர்

அன்பின் விழையார் பொருள்விழையும் ஆய்தொடியார் இன்சொல் இழுக்குத் தரும்.	911
பயன்தூக்கிப் பண்புரைக்கும் பண்பின் மகளிர் நயன்தூக்கி நள்ளா விடல்.	912
பொருட்பெண்டிர் பொய்ம்மை முயக்கம் இருட்டறையில் ஏதில் பிணந்தழீஇ யற்று.	913
பொருட்பொருளார் புன்னலந் தோயார் அருட்பொருள் ஆயும் அறிவி னவர்.	914
பொதுநலத்தார் புன்னலம் தோயார் மதிநலத்தின் மாண்ட அறிவி னவர்.	915
தந்நலம் பாரிப்பார் தோயார் தகைசெருக்கிப் புன்னலம் பாரிப்பார் தோள்.	916
நிறைநெஞ்சம் இல்லவர் தோய்வார் பிறநெஞ்சிற் பேணிப் புணர்பவர் தோள்.	917
ஆயும் அறிவினர் அல்லார்க்கு அணங்கென்ப மாய மகளிர் முயக்கு.	918
வரைவிலா மாணிழையார் மென்தோள் புரையிலாப் பூரியர்கள் ஆழும் அளறு.	919
இருமனப் பெண்டிரும் கள்ளும் கவறும் திருநீக்கப் பட்டார் தொடர்பு.	920

Caibidil 92: **An bhean luí**

911 Brón is buairt a thagann as caidreamh a bheith agat
le bean bhinnbhriathrach na mbráisléad—is náire.

912 Aithin is seachain an bhean a bhfuil sparán aici in áit an chroí.

913 Croí istigh a dhéanamh le corpán anaithnid i seomra dorcha is ea
barróg bhréige na mná nach bhfuil uaithi ach an scilling gheal.

914 An duine gaoiseach a shiúlfadh conair na hatrua, níl aon spéis aige
i bpléisiúr suarach a bheith aige le bean shantach.

915 An duine gaoiseach a bhfuil cáil na stuaime air,
seachnóidh sé an fálarán atá cóirithe ag bean sráide dó agus grá
ina croí aici do chách, mar dhea.

916 É siúd a bhfuil meas aige air féin, ní bheidh aon mheas aige
ar ghuaillí mná ná ar an gcluain meala atá ar díol idir eatarthu.

917 Iad siúd atá míshásta leo féin a lorgóidh sásamh ó mhná
ar cluanairí iad.

918 Iad siúd atá gan chiall, is dóigh leo gur bandia í
an cluanaire mná.

919 An scraiste gan mhúineadh, is é is baile dó guaillí míne
na meirdrí is í maisithe le seodra.

920 An bhean mhealltach, an braon crua, an dísle—siúd iad
compánaigh na ndaoine a chuireann a gcuid maoine amú
gan náire.

அதிகாரம் 93: கள்ளுண்ணாமை

உட்கப் படாஅர் ஒளியிழப்பர் எஞ்ஞான்றும்
கட்காதல் கொண்டொழுகு வார்.   921

உண்ணற்க கள்ளை உணில்உண்க சான்றோரான்
எண்ணப் படவேண்டா தார்.   922

ஈன்றாள் முகத்தேயும் இன்னாதால் என்மற்றுச்
சான்றோர் முகத்துக் களி.   923

நாண்என்னும் நல்லாள் புறங்கொடுக்கும் கள்ளென்னும்
பேணாப் பெருங்குற்றத் தார்க்கு.   924

கையறி யாமை யுடைத்தே பொருள்கொடுத்து
மெய்யறி யாமை கொளல்.   925

துஞ்சினார் செத்தாரின் வேறல்லர் எஞ்ஞான்றும்
நஞ்சுண்பார் கள்ளுண் பவர்.   926

உள்ளொற்றி உள்ளூர் நகப்படுவர் எஞ்ஞான்றும்
கள்ளொற்றிக் கண்சாய் பவர்   927

களித்தறியேன் என்பது கைவிடுக நெஞ்சத்து
ஒளித்ததூஉம் ஆங்கே மிகும்.   928

களித்தானைக் காரணம் காட்டுதல் கீழ்நீர்க்
குளித்தானைத் தீத்துரீஇ யற்று.   929

கள்ளுண்ணாப் போழ்தில் களித்தானைக் காணுங்கால்
உள்ளான்கொல் உண்டதன் சோர்வு.   930

Caibidil 93: **Seachain an ragairne**

921 Ní bheidh meas muice ag éinne ar an ragairneálaí; ní bheidh
     seasamh aige agus imeoidh leá mhún Mhóire ar a chlú.

922 Ná cleacht an phóit; iad siúd a chleachtann an phóit,
     is cuma leo faoina gcáil i measc dea-chomhluadair.

923 Is gránna an rud é caobach a bheith ort os comhair do mháthar;
     conas a bheadh sé os comhair na maithe is na móruaisle?

924 Tabharfaidh Spéirbhean na Modhúlachta a droim leis an
     meisceoir gránna.

925 Níl aon chuimhneamh acu ar an lá amárach, an dream a
     chaitheann a gcuid airgid chun a n-aigne a chur ar strae.

926 Is geall le marbhán an té atá faoi thromshuan; an té a
     chleachtann an phóit, ag glacadh nimhe de shíor atá sé.

927 Beidh an té a chleachtann an phóit de shíor ina cheap magaidh
     ag a chomhshaoránaigh.

928 Ná bí ag ligean ort nach bhfuil aon éifeacht ag an ndigh ort;
     nuair a fhliuchfaidh tú do bhéal arís, nochtfar a bhfuil á cheilt agat.

929 Meisceoir a thabhairt chun céille nó dul sa tóir
     ar dhuine fo thoinn le tóirse tine.

930 Agus é sóbráilte, nuair a fheiceann sé daoine eile
     atá súgach meidhreach, an ndeir sé leis féin,
     "An mbímse i mo sheó bóthair mar sin?"

அதிகாரம் 94: **சூது**

வேண்டற்க வென்றிடினும் சூதினை வென்றதூஉம் தூண்டிற்பொன் மீன்விழுங்கி யற்று.	931
ஒன்றெய்தி நூறிழக்கும் சூதர்க்கும் உண்டாங்கொல் நன்றெய்தி வாழ்வதோர் ஆறு.	932
உருளாயம் ஓவாது கூறின் பொருளாயம் போஒய்ப் புறமே படும்.	933
சிறுமை பலசெய்து சீரழிக்கும் சூதின் வறுமை தருவதொன்று இல்.	934
கவறும் கழகமும் கையும் தருக்கி இவறியார் இல்லாகி யார்.	935
அகடாரார் அல்லல் உழப்பர்சூ தென்னும் முகடியால் மூடப்பட் டார்.	936
பழகிய செல்வமும் பண்பும் கெடுக்கும் கழகத்துக் காலை புகின்.	937
பொருள்கெடுத்துப் பொய்மேற் கொளீஇ அருள்கெடுத்து அல்லல் உழப்பிக்கும் சூது.	938
உடைசெல்வம் ஊண்ஒளி கல்விஎன்று ஐந்தும் அடையாவாம் ஆயம் கொளின்.	939
இழத்தொறூஉம் காதலிக்கும் சூதேபோல் துன்பம் உழத்தொறூஉம் காதற்று உயிர்.	940

Caibidil 94: **Cearrbhachas**

931 Ná bí tugtha don chearrbhachas, fiú má bhuann tú.
　　Is ionann an bua sin agus duán miotail i mbéal éisc.

932 An mbeidh rath go deo ar an gcearrbhach, a bhuann uair
　　amháin agus a chailleann céad uair?

933 Lean ort ag faire de shíor ar an dísle, agus feicfidh tú do mhaoin
　　i lámha daoine eile.

934 Níl aon ní is mó is cúis le bochtaineacht ná an cearrbhachas:
　　údar ainnise agus náire.

935 An té atá ceanúil ar an dísle agus gach saghas cearrbhachais,
　　ní bheidh pinginí pitseála fágtha aige.

936 Is é Gruagach an Mhí-áidh é an cearrbhachas;
　　leathann sé ocras agus cruatan ar fud na bhfud.

937 Isteach leat i dteach cearrbhachais ar maidin
　　agus amach le do cháil is le do mhaoin tráthnóna.

938 Creimeann sé an mhaoin agus cruthaíonn sé calaois
　　agus ciapadh; imíonn tláithe le cearrbhachas.

939 Gabh leis an dísle agus bí gann ar chúig ní, ar éadach,
　　ar fhoghlaim, ar bhia, ar mhaoin agus ar cháil.

940 Dá mhéad a bhíonn sé thíos leis is ea is mó is geal
　　leis an gcearrbhach an droch-nós sin aige, faoi mar nach
　　scarann an t-anam go fonnmhar leis an gcolainn atá i bpéin.

அதிகாரம் 95: **மருந்து**

மிகினும் குறையினும் நோய்செய்யும் நூலோர்
வளிமுதலா எண்ணிய மூன்று. 941

மருந்தென வேண்டாவாம் யாக்கைக்கு அருந்தியது
அற்றது போற்றி உணின். 942

அற்றால் அளவறிந்து உண்க அஃதுடம்பு
பெற்றான் நெடிதுய்க்கு மாறு. 943

அற்றது அறிந்து கடைப்பிடித்து மாறல்ல
துய்க்க துவரப் பசித்து. 944

மாறுபாடு இல்லாத உண்டி மறுத்துண்ணின்
ஊறுபாடு இல்லை உயிர்க்கு. 945

இழிவறிந்து உண்பான்கண் இன்பம்போல் நிற்கும்
கழிபேர் இரையான்கண் நோய். 946

தீயள வன்றித் தெரியான் பெரிதுண்ணின்
நோயள வின்றிப் படும். 947

நோய்நாடி நோய்முதல் நாடி அதுதணிக்கும்
வாய்நாடி வாய்ப்பச் செயல். 948

உற்றான் அளவும் பிணியளவும் காலமும்
கற்றான் கருதிச் செயல். 949

உற்றவன் தீர்ப்பான் மருந்துஉழைச் செல்வானென்று
அப்பால்நாற் கூற்றே மருந்து. 950

Caibidil 95: **Leigheas**

941 Bia agus gníomhaíocht—ainmheasarthacht nó a malairt—
is cúis le galar;
na trí lionnta atá laistiar de, dar leis na saoithe, ag tosú le gaoth.

942 Níl aon ghá ag an gcolainn le cógas,
má itheann tú go maith agus an méid a d'ith tú roimhe sin
díleáite go maith agat.

943 Tar éis é a bheith díleáite agat, ith go measartha,
más mian leat a bheith fadsaolach.

944 Tar éis duit a bheith cinnte go bhfuil an bia díleáite agat,
má tá faobhar ar do ghoile, ith go measartha—
bia atá ag teacht le do choimpléasc.

945 Ní baol duit má itheann tú bia a oireann duit agus é
a ithe go measartha.

946 Is méanar don té a thuigeann cad nach ceart dó a ithe
agus an méid is ceart dó a ithe.
Ar an dul céanna, buailfidh galar an béiceadán.

947 An té nach bhfuil in ann a ghoile a thomhas agus a alpann siar
a chuid bia go santach,
is air siúd a bheidh galair gan áireamh.

948 Déan fáthmheas ar an ngalar, faigh amach cad is cúis leis,
cén leigheas atá air agus gníomhaigh dá réir.

949 Ba cheart don lia eolach a fháil amach cén bhail atá ar an othar,
nádúr an ghalair agus an tráth bliana atá ann,
agus ansin cóir leighis a chur air.

950 Ina cheithre chuid a bhíonn an leigheas: an
t-othar, an lia, an cógas, fear measctha an chógais.

2.4 ஒழிபியல்
அதிகாரம் 96: குடிமை

இற்பிறந்தார் கண்அல்லது இல்லை இயல்பாகச்
செப்பமும் நாணும் ஒருங்கு. 951

ஒழுக்கமும் வாய்மையும் நாணும்இம் மூன்றும்
இழுக்கார் குடிப்பிறந் தார். 952

நகைஈகை இன்சொல் இகழாமை நான்கும்
வகையென்ப வாய்மைக் குடிக்கு. 953

அடுக்கிய கோடி பெறினும் குடிப்பிறந்தார்
குன்றுவ செய்தல் இலர். 954

வழங்குவ துள்வீழ்ந்தக் கண்ணும் பழங்குடி
பண்பில் தலைப்பிரிதல் இன்று. 955

சலம்பற்றிச் சால்பில செய்யார்மா சற்ற
குலம்பற்றி வாழ்தும்என் பார். 956

குடிப்பிறந்தார் கண்விளங்கும் குற்றம் விசும்பின்
மதிக்கண் மறுப்போல் உயர்ந்து. 957

நலத்தின்கண் நாரின்மை தோன்றின் அவனைக்
குலத்தின்கண் ஐயப் படும். 958

நிலத்தில் கிடந்தமை கால்காட்டும் காட்டும்
குலத்தில் பிறந்தார்வாய்ச் சொல். 959

நலம்வேண்டின் நாணுடைமை வேண்டும் குலம்வேண்டின்
வேண்டுக யார்க்கும் பணிவு. 960

2.4 Ilghnéitheach
Caibidil 96: Uaisleacht

951 Tréithe na huaisleachta: tuiscint nádúrtha don cheart
agus don náire.

952 Na trí rudaí nach dtréigfidh an duine uasal: dea-bhéasa,
an fhírinne, an mhodhúlacht.

953 An duine uasal ar luachmhar leis an fhírinne, is geal leis ina chroí
istigh na ceithre rudaí seo: an meangadh gáire, an fhéile,
briathra milse, gan caitheamh anuas ar éinne.

954 Fiú má tá maoin gan áireamh aige, ní dhéanfadh an duine uasal
aon ní a náireodh é féin.

955 Beidh an flaith flaithiúil go deo, fiú má chailleann sé
go leor dá mhaoin.

956 Iad siúd a chosnódh dea-cháil an teaghlaigh,
ní spreagann díoltas ná calaois iad.

957 An locht a fhaightear ar dhuine uasal,
is léire é ná cráitéir na gealaí.

958 Mura léiríonn duine uasal atrua agus é ag déileáil
le leas daoine eile, ceisteofar a shinsearacht.

959 Insíonn an péacán dúinn cén síol atá i bhfolach faoin gcré;
insíonn an focal dúinn nádúr an chainteora agus cé ar díobh é.

960 Bíodh tuiscint don mhodhúlacht ag an té a bhfuil meas aige
air féin;
más luachmhar leis a theaghlach, bíodh sé umhal i láthair
gach éinne.

அதிகாரம் 97: **மானம்**

இன்றி யமையாச் சிறப்பின ஆயினும்
குன்ற வருப விடல். 961

சீரினும் சீரல்ல செய்யாரே சீரொடு
பேராண்மை வேண்டு பவர். 962

பெருக்கத்து வேண்டும் பணிதல் சிறிய
சுருக்கத்து வேண்டும் உயர்வு. 963

தலையின் இழிந்த மயிரனையர் மாந்தர்
நிலையின் இழிந்தக் கடை. 964

குன்றின் அனையாரும் குன்றுவர் குன்றுவ
குன்றி அனைய செயின். 965

புகழ்இன்றால் புத்தேள்நாட்டு உய்யாதால் என்மற்று
இகழ்வார்பின் சென்று நிலை. 966

ஒட்டார்பின் சென்றொருவன் வாழ்தலின் அந்நிலையே
கெட்டான் எனப்படுதல் நன்று. 967

மருந்தோமற்று ஊன்ஓம்பும் வாழ்க்கை பெருந்தகைமை
பீடழிய வந்த இடத்து. 968

மயிர்நீப்பின் வாழாக் கவரிமா அன்னார்
உயிர்நீப்பர் மானம் வரின். 969

இளிவரின் வாழாத மானம் உடையார்
ஒளிதொழுது ஏத்தும் உலகு. 970

Caibidil 97: **Dínit**

961 D'fhéadfadh go mbeadh sé riachtanach agus tábhachtach duit, ach scaoil leis más céim síos duit é.

962 Cosnóidh an duine onórach a onóir mar is tábhachtaí leis í ná cáil agus maoin.

963 Bíonn gá le humhlaíocht nuair a bhíonn rath ort; bíonn gá le dínit is tú in umar na haimléise.

964 Iad siúd a mbaintear leagan astu, íslítear iad mar ribí gruaige ag titim go talamh.

965 D'fhéadfadh gníomh suarach, dá laghad é, tú a leagan fiú dá mbeifeá chomh hard le sliabh.

966 An té a bheadh ag sodar i ndiaidh daoine a bhíonn ag magadh faoi, ní bheidh cáil air siúd go deo, ar neamh ná ar talamh.

967 B'fhearr go mbeadh a fhios ag cách gur cailleadh é gan é féin a ísliú
ná gur mhair sé agus é ag brath ar dhream a náirigh é.

968 An é íocshláinte an domhain é maireachtáil chun do cholainn a chaomhnú nuair nach bhfuil dea-cháil ort níos mó?

969 Ní mhairfidh an geac fiáin má chailleann sé ribe fionnaidh; tá daoine ann a éagann má náirítear iad.

970 Tabharfaidh an domhan is a mháthair ómós don té arbh fhearr leis bás a fháil ná náire a fhulaingt.

அதிகாரம் 98: பெருமை

ஒளிஒருவற்கு உள்ள வெறுக்கை இளிஒருவற்கு அஃதிறந்து வாழ்தும் எனல்.	971
பிறப்பொக்கும் எல்லா உயிர்க்கும் சிறப்பொவ்வா செய்தொழில் வேற்றுமை யான்.	972
மேலிருந்தும் மேலல்லார் மேலல்லர் கீழிருந்தும் கீழல்லார் கீழல் லவர்.	973
ஒருமை மகளிரே போலப் பெருமையும் தன்னைத்தான் கொண்டொழுகின் உண்டு.	974
பெருமை யுடையவர் ஆற்றுவார் ஆற்றின் அருமை உடைய செயல்.	975
சிறியார் உணர்ச்சியுள் இல்லை பெரியாரைப் பேணிக்கொள் வேமென்னும் நோக்கு.	976
இறப்பே புரிந்த தொழிற்றாம் சிறப்புந்தான் சீரல் லவர்கட் படின்.	977
பணியுமாம் என்றும் பெருமை சிறுமை அணியுமாம் தன்னை வியந்து.	978
பெருமை பெருமிதம் இன்மை சிறுமை பெருமிதம் ஊர்ந்து விடல்.	979
அற்றம் மறைக்கும் பெருமை சிறுமைதான் குற்றமே கூறி விடும்.	980

Caibidil 98: **Mórgacht**

971 Solas an tsaoil é misneach;
dorchadas is ea easpa misnigh.

972 Is mar a chéile sinn ar fad nuair a shaolaítear sinn.
Ach ní hionann ár dtréithe de bharr ár gcuid gníomhartha.

973 Ní mórgacht ar bith é mórgacht stádais gan gníomhartha mórga
a dhéanamh; ní ísleacht ar bith é ísleacht stádais
má sheachnaítear an gníomh uiríseal.

974 Ar nós suáilce na mban, braitheann an mhórgacht
ar shuáilce na mórgachta a chleachtadh go diongbháilte.

975 Déanfaidh daoine a bhfuil bua na mórgachta acu gníomhartha
as an ngnáth.

976 Níl dóthain gaoise ag an suarachán chun meas a bheith aige
ar an duine mórga agus aithris a dhéanamh air.

977 Má chuimlíonn an duine neamh-mhórga leis an mórgacht,
ní bheidh de thoradh ar an gcuimilt sin ach poimp is
drochbhéasa.

978 Compánach na mórgachta í an umhlaíocht;
bíonn an suarachas ar maos san uabhar.

979 Ní bhaineann bród le mórgacht;
bíonn an suarachas ag cur thar maoil le bladhmann.

980 Ceileann an duine mórga laigí daoine eile;
nochtann an suarachán iad.

அதிகாரம் 99: *சான்றாண்மை*

கடனென்ப நல்லவை எல்லாம் கடன்அறிந்து சான்றாண்மை மேற்கொள் பவர்க்கு.	981
குணநலம் சான்றோர் நலனே பிறநலம் எந்நலத்து உள்ளதூஉம் அன்று.	982
அன்புநாண் ஒப்புரவு கண்ணோட்டம் வாய்மையொடு ஐந்துசால்பு ஊன்றிய தூண்.	983
கொல்லா நலத்தது நோன்மை பிறர்தீமை சொல்லா நலத்தது சால்பு.	984
ஆற்றுவார் ஆற்றல் பணிதல் அதுசான்றோர் மாற்றாரை மாற்றும் படை.	985
சால்பிற்குக் கட்டளை யாதெனில் தோல்வி துலையல்லார் கண்ணும் கொளல்.	986
இன்னாசெய் தார்க்கும் இனியவே செய்யாக்கால் என்ன பயத்ததோ சால்பு.	987
இன்மை ஒருவற்கு இளிவன்று சால்பென்னும் திண்மைஉண் டாகப் பெறின்.	988
ஊழி பெயரினும் தாம்பெயரார் சான்றாண்மைக்கு ஆழி எனப்படு வார்.	989
சான்றவர் சான்றாண்மை குன்றின் இருநிலந்தான் தாங்காது மன்னோ பொறை.	990

Caibidil 99: **Foirfeacht**

981 Iad siúd a bhíonn ag dréim leis an bhfoirfeacht,
is nádúrtha dóibh é an gníomh fónta a dhéanamh.

982 Suáilce i do chroí istigh is ea uaisleacht;
níl tábhacht le haon ní eile.

983 Cúig cholún a fhulaingíonn an uaisleacht:
grá, dualgas, féile, atrua, ionracas.

984 Suáilce an duine dhiantréanaigh gan aon neach beo a mharú;
suáilce an duine uasail gan locht a chur ar éinne.

985 An cumas is mó ag an duine cumasach ná umhlaíocht:
arm an duine uasail, an namhaid a bheith ar a thaobh.

986 Comhartha uaisleachta ná glacadh leis go grástúil
má fhaigheann an t-íochtarán an lámh in uachtar air.

987 Cad is fiú an uaisleacht murar féidir maitheas a dhéanamh
don té a dhein dochar duit?

988 Ní náir duit an bhochtaineacht
má tá neart na huaisleachta agat.

989 Iad siúd ar aigéan uaisleachta iad,
ní shuaitear iad fiú in am na Díleann.

990 Dá gcaillfí an uaisleacht,
ní bheadh an domhan in ann a mheáchan féin a iompar.

அதிகாரம் 100: பண்புடைமை

எண்பதத்தால் எய்தல் எளிதென்ப யார்மாட்டும் பண்புடைமை என்னும் வழக்கு.	991
அன்புடைமை ஆன்ற குடிப்பிறத்தல் இவ்விரண்டும் பண்புடைமை என்னும் வழக்கு.	992
உறுப்பொத்தல் மக்களொப்பு அன்றால் வெறுத்தக்க பண்பொத்தல் ஒப்பதாம் ஒப்பு.	993
நயனொடு நன்றி புரிந்த பயனுடையார் பண்புபா ராட்டும் உலகு.	994
நகையுள்ளும் இன்னாது இகழ்ச்சி பகையுள்ளும் பண்புள பாடறிவார் மாட்டு.	995
பண்புடையார்ப் பட்டுண்டு உலகம் அதுஇன்றேல் மண்புக்கு மாய்வது மன்.	996
அரம்போலும் கூர்மைய ரேனும் மரம்போல்வர் மக்கட்பண்பு இல்லா தவர்.	997
நண்பாற்றார் ஆகி நயமில செய்வார்க்கும் பண்பாற்றார் ஆதல் கடை.	998
நகல்வல்லர் அல்லார்க்கு மாயிரு ஞாலம் பகலும்பாற் பட்டன்று இருள்.	999
பண்பிலான் பெற்ற பெருஞ்செல்வம் நன்பால் கலந்தீமை யால்திரிந் தற்று.	1000

Caibidil 100: **Cúirtéis**

991 Má bhítear cineálta le cách,
sealbhófar cáilíocht na cúirtéise gan dua.

992 Duine de dhea-theaghlach a bhfuil croí cineálta aige,
duine dea-bhéasach a bheidh sa duine sin.

993 Ní hé a ndealramh a dhéanann daoine cosúil lena chéile
ach na tréithe céanna a bheith acu.

994 An duine gnaíúil fíréanta atá sásta cabhrú le gach éinne—
molfar dea-thréithe an duine sin chun na spéartha.

995 An té a fheiceann an mhaitheas i ndaoine eile, a naimhde
san áireamh, ní bheidh sé ag caitheamh anuas ar éinne
ar mhaithe le spórt.

996 Is iad na daoine cúirtéiseacha a choinníonn an domhan le chéile;
murach iad thitfeadh sé as a chéile.

997 An duine gan tréithe daonna ann, níl ann ach crann,
dá ghéire í a mheabhair.

998 Is smál ar an duine cúirtéiseach é gan cineáltas a léiriú
i gcónaí, fiú don duine a chaitheann go borb leat.

999 Bíonn an domhan faoi smúit, fiú i lár an lae ghléigil,
mura mbíonn daoine ann ag baint suilt as an saol.

1000 Maoin i lámha an bharbaraigh,
bainne a loitear sa soitheach neamhghlan.

அதிகாரம் 101: நன்றியில் செல்வம்

வைத்தான்வாய் சான்ற பெரும்பொருள் அஃதுண்ணான்
செத்தான் செயக்கிடந்தது இல். 1001

பொருளானாம் எல்லாமென்று ஈயாது இவறும்
மருளானாம் மாணாப் பிறப்பு 1002

ஈட்டம் இவறி இசைவேண்டா ஆடவர்
தோற்றம் நிலக்குப் பொறை. 1003

எச்சமென்று என்எண்ணுங் கொல்லோ ஒருவரால்
நச்சப் படாஅ தவன். 1004

கொடுப்பதூஉம் துய்ப்பதூஉம் இல்லார்க்கு அடுக்கிய
கோடியுண் டாயினும் இல். 1005

ஏதம் பெருஞ்செல்வம் தான்துவ்வான் தக்கார்க்கொன்று
ஈதல் இயல்பிலா தான். 1006

அற்றார்க்கொன்று ஆற்றாதான் செல்வம் மிகநலம்
பெற்றாள் தமியள்மூத் தற்று. 1007

நச்சப் படாதவன் செல்வம் நடுவூருள்
நச்சு மரம்பழுத் தற்று. 1008

அன்பொரீஇத் தற்செற்று அறநோக்காது ஈட்டிய
ஒண்பொருள் கொள்வார் பிறர். 1009

சீருடைச் செல்வர் சிறுதுனி மாரி
வறங்கூர்ந் தனையது உடைத்து. 1010

Caibidil 101: **Maoin nach ndéanann maitheas d'éinne**

1001 Airgead atá i bhfolach ar fud an tí agus nach bhfuil
á chaitheamh agat,
nach beag atá ar siúl agat, a chorpáin!

1002 Ní féidir airgead a shárú—má chloíonn tú leis an smaoineamh
seachmallach sin,
athbhreith ghránna atá i ndán duit.

1003 Maoin atá ón sprionlóir seachas dea-chlú:
ualach ar an domhan é duine den sórt sin.

1004 Cad a fhágfaidh seisean ina dhiaidh—
an duine nach bhfuil grá ag éinne dó?

1005 Is cuma má tá tú chomh saibhir le Déamar,
mura bhfuil tú á chaitheamh ná á thabhairt uait,
ní fiú broim dreoilín é.

1006 Galar is ea maoin, mura bhfuil tú á caitheamh
nó á cur chun leas na mbocht.

1007 Maoin gan chaitheamh
nó spéirbhean mhaisiúil gan chéile agus í ag dul in aois.

1008 Saibhreas an té nach bhfuil éinne ceanúil air,
nó crann torthaí nimhiúil ag fás i lár an bhaile.

1009 Saibhreas a dhéantar gan scrupall,
gan aird a thabhairt ar éinne eile ná ort féin,
gheobhaidh daoine eile seilbh air.

1010 A shaibhreas á chailliúint ag duine uasal,
nó scamall báistí a líonfar arís ar ball.

அதிகாரம் 102: நாணுடைமை

கருமத்தால் நாணுதல் நாணுத் திருநுதல் நல்லவர் நாணுப் பிற.	1011
ஊணுடை எச்சம் உயிர்க்கெல்லாம் வேறல்ல நாணுடைமை மாந்தர் சிறப்பு.	1012
ஊனைக் குறித்த உயிரெல்லாம் நாண்என்னும் நன்மை குறித்தது சால்பு.	1013
அணிஅன்றோ நாணுடைமை சான்றோர்க்கு அஃதின்றேல் பிணிஅன்றோ பீடு நடை.	1014
பிறர்பழியும் தம்பழியும் நாணுவார் நாணுக்கு உறைபதி என்னும் உலகு.	1015
நாண்வேலி கொள்ளாது மன்னோ வியன்ஞாலம் பேணலர் மேலா யவர்.	1016
நாணால் உயிரைத் துறப்பர் உயிர்ப்பொருட்டால் நாண்துறவார் நாண்ஆள் பவர்.	1017
பிறர்நாணத் தக்கது தான்நாணா னாயின் அறம்நாணத் தக்கது உடைத்து.	1018
குலஞ்சுடும் கொள்கை பிழைப்பின் நலஞ்சுடும் நாணின்மை நின்றக் கடை.	1019
நாண்அகத் தில்லார் இயக்கம் மரப்பாவை நாணால் உயிர்மருட்டி யற்று.	1020

Caibidil 102: **Scrupall**

1011 Scrupall is ea do chuid gníomhartha a thuiscint,
murab ionann agus stuaim mhómhar na hógmhná.

1012 Bíonn gá ag gach éinne le héadach is le bia;
dealaíonn scrupall an duine uasal ón gcuid eile.

1013 Bunús na beatha an bia;
bunús na huaisleachta an dea-scrupall.

1014 Maisiú ar an duine uasal é scrupall;
gan é, déarfaí faoi—"coiscéim coiligh ar charn aoiligh".

1015 Más eagal leat go náireofaí thú—nó éinne eile—
is duine scrupallach i do steillbheatha thú.

1016 Ní theastódh ón bhfear suáilceach svae a bheith aige
ar an domhan mór
gan fál an scrupaill mar chosaint aige.

1017 An duine scrupallach, b'fhearr leis bás a fháil
ná scrupall a chur i leataobh chun teacht slán.

1018 Tréigfidh an tsuáilce é
mura náirítear é ag an ní a náiríonn daoine eile.

1019 Ná déan nós is ná bris nós nó gortófar daoine muinteartha leat;
ach scriosfar an mhaith uile le heaspa scrupaill.

1020 Mura bhfuil scrupall agat i do chroí istigh
ní beo duit, is puipéad thú, seachmall.

அதிகாரம் 103: குடிசெயல் வகை

கருமம் செயஒருவன் கைதூவேன் என்னும்
பெருமையின் பீடுடையது இல். 1021

ஆள்வினையும் ஆன்ற அறிவும் எனஇரண்டின்
நீள்வினையால் நீளும் குடி. 1022

குடிசெய்வல் என்னும் ஒருவற்குத் தெய்வம்
மடிதற்றுத் தான்முந் துறும். 1023

சூழாமல் தானே முடிவெய்தும் தம்குடியைத்
தாழாது உஞற்று பவர்க்கு. 1024

குற்றம் இலனாய்க் குடிசெய்து வாழ்வானைச்
சுற்றமாச் சுற்றும் உலகு. 1025

நல்லாண்மை என்பது ஒருவற்குத் தான்பிறந்த
இல்லாண்மை ஆக்கிக் கொளல். 1026

அமரகத்து வன்கண்ணர் போலத் தமரகத்தும்
ஆற்றுவார் மேற்றே பொறை. 1027

குடிசெய்வார்க்கு இல்லை பருவம் மடிசெய்து
மானங் கருதக் கெடும். 1028

இடும்பைக்கே கொள்கலங் கொல்லோ குடும்பத்தைக்
குற்றம் மறைப்பான் உடம்பு. 1029

இடுக்கண்கால் கொன்றிட வீழும் அடுத்தூன்றும்
நல்லாள் இலாத குடி. 1030

Caibidil 103: **Fónamh do do mhuintir féin**

1021 Níl dínit níos mó ann ná do dhícheall a dhéanamh
    chun do chlann a thógáil.

1022 Tabhair faoin tasc sin go diongbháilte agus lán de ghaois—
    beidh do chlann buíoch díot.

1023 "Táimse chun freastal ar an líon tí!"
    Abair an méid sin agus beidh an Bandia farat
    i bhfaiteadh na súl.

1024 An té a shaothródh go dícheallach ar son a theaghlaigh,
    ní gá dó aon ní eile a dhéanamh, éireoidh leis.

1025 An té a thógann clann gan smál,
    beidh an domhan is a mháthair ag iarraidh a bheith mór leis.

1026 Beidh cáil air mar cheannaire,
    an té atá i gceannas ar a thigh féin.

1027 Ar nós an ghaiscígh ar pháirc an chatha,
    téann an duine cumasach i gceannas ar an líon tí.

1028 Ná bí ag feitheamh leis an am trátha chun freastal
    ar do mhuintir féin;
    fulaingeoidh gach éinne eile de dheasca leisce an té
    a smaoiníonn air féin ar dtús.

1029 Cén cholainn a fhulaingeoidh más sciath í
    chun an teaghlach a chosaint?

1030 Mura bhfuil fear maith mar chrann taca acu,
    bainfear an bonn den teaghlach.

அதிகாரம் 104: **உழவு**

சுழன்றும்ஏர்ப் பின்னது உலகம் அதனால்
உழந்தும் உழவே தலை. 1031

உழுவார் உலகத்தார்க்கு ஆணிஅஃ தாற்றாது
எழுவாரை எல்லாம் பொறுத்து. 1032

உழுதுண்டு வாழ்வாரே வாழ்வார்மற் றெல்லாம்
தொழுதுண்டு பின்செல் பவர். 1033

பலகுடை நீழலும் தங்குடைக்கீழ்க் காண்பர்
அலகுடை நீழ லவர். 1034

இரவார் இரப்பார்க்கொன்று ஈவர் கரவாது
கைசெய்தூண் மாலை யவர். 1035

உழவினார் கைம்மடங்கின் இல்லை விழைவதூஉம்
விட்டேம்என் பார்க்கும் நிலை. 1036

தொடிப்புழுதி கஃசா உணக்கின் பிடித்தெருவும்
வேண்டாது சாலப் படும். 1037

ஏரினும் நன்றால் எருஇடுதல் கட்டபின்
நீரினும் நன்றதன் காப்பு. 1038

செல்லான் கிழவன் இருப்பின் நிலம்புலந்து
இல்லாளின் ஊடி விடும். 1039

இலமென்று அசைஇ இருப்பாரைக் காணின்
நிலமென்னும் நல்லாள் நகும். 1040

Caibidil 104: **Feirmeoireacht**

1031 Pé rud eile a dhéanfadh duine sa saol seo,
caithfear an céachta a leanúint.

1032 Cad atá níos tábhachtaí ná an talmhaíocht?
Nach bhfuil an cine daonna ar fad ag brath ar an bhfeirmeoir?

1033 Duine saor é an té a itheann ón ngort atá treafa aige.
Bíonn daoine eile ag brath ar a shaothar.

1034 Déanfaidh an feirmeoir tírghrách
tailte an cheannaire a mhéadú.

1035 An té a shaothraíonn lena dhá lámh féin, ní bheidh air
déirc a lorg ach beidh rud éigin aige i gcónaí don fhear déirce.

1036 Má theipeann ar an bhfeirmeoir,
cén seans atá ag an duine diantréanach?

1037 Má thriomaítear an talamh chun ceathrú unsa a dhéanamh d'unsa,
ní bheidh gá aici le mórán aoiligh.

1038 Is fearr an t-aoileach ná an treabhadh; tar éis gortghlanadh
a dhéanamh, is fearr faire air ná é a uisciú.

1039 Mura dtugann an t-úinéir aire dá ghort, beidh an talamh mar
bhean chéile a mbeadh goimh uirthi agus ní thabharfaidh sí
pléisiúr ar bith dó.

1040 Beidh an Domhan ag gáire faoin té atá ag clamhsán
faoin mbochtaineacht agus saol díomhaoin á chaitheamh aige.

அதிகாரம் 105: நல்குரவு

இன்மையின் இன்னாதது யாதெனின் இன்மையின் இன்மையே இன்னா தது.	1041
இன்மை எனஒரு பாவி மறுமையும் இம்மையும் இன்றி வரும்.	1042
தொல்வரவும் தோலும் கெடுக்கும் தொகையாக நல்குரவு என்னும் நசை.	1043
இற்பிறந்தார் கண்ணேயும் இன்மை இளிவந்த சொற்பிறக்கும் சோர்வு தரும்.	1044
நல்குரவு என்னும் இடும்பையுள் பல்குரைத் துன்பங்கள் சென்று படும்.	1045
நற்பொருள் நன்குணர்ந்து சொல்லினும் நல்கூர்ந்தார் சொற்பொருள் சோர்வு படும்.	1046
அறஞ்சாரா நல்குரவு ஈன்றதா யானும் பிறன்போல நோக்கப் படும்.	1047
இன்றும் வருவது கொல்லோ நெருநலும் கொன்றது போலும் நிரப்பு.	1048
நெருப்பினுள் துஞ்சலும் ஆகும் நிரப்பினுள் யாதொன்றும் கண்பாடு அரிது.	1049
துப்புரவு இல்லார் துவரத் துறவாமை உப்பிற்கும் காடிக்கும் கூற்று.	1050

Caibidil 105: **An bhochtaineacht**

1041 An bhfuil crá ann níos mó
 ná an bhochtaineacht?

1042 Rógaire dubh atá sa bhochtaineacht
 a mhilleann an saol seo agus an saol atá le teacht.

1043 Milleann an bhochtaineacht oidhreacht na sinsear agus
 cailltear an deisbhéalaíocht.

1044 An duine uasal féin, déanfaidh an bhochtaineacht garbh
 a chuid cainte.

1045 Ainnise na bochtaineachta,
 leanann ainnise eile í.

1046 Ní éistear leis an bhfear bocht, fiú más fuaimintiúil glé an méid
 a bheadh le rá aige.

1047 An té atá beo bocht, ní aithneoidh éinne é,
 fiú a mháthair féin.

1048 An bhochtaineacht a mharaigh mé inné, nach mór,
 an mbeidh sí romham arís inniu?

1049 Is féidir codladh a dhéanamh agus lasracha thart ort;
 ní féidir codladh a dhéanamh agus an bhochtaineacht thart ort.

1050 An té atá beo bocht, murar duine diantréanach é,
 ídeoidh sé salann is uisce a chomharsan.

அதிகாரம் 106: இரவு

இரக்க இரத்தக்கார்க் காணின் கரப்பின் அவர்பழி தம்பழி யன்று.	1051
இன்பம் ஒருவற்கு இரத்தல் இரந்தவை துன்பம் உறாஅ வரின்.	1052
கரப்பிலா நெஞ்சின் கடனறிவார் முன்னின்று இரப்புமோ ரேஎர் உடைத்து.	1053
இரத்தலும் ஈதலே போலும் கரத்தல் கனவிலும் தேற்றாதார் மாட்டு.	1054
கரப்பிலார் வையகத்து உண்மையால் கண்ணின்று இரப்பவர் மேற்கொள் வது.	1055
கரப்பிடும்பை இல்லாரைக் காணின் நிரப்பிடும்பை எல்லாம் ஒருங்கு கெடும்.	1056
இகழ்ந்தெள்ளாது ஈவாரைக் காணின் மகிழ்ந்துள்ளம் உள்ளுள் உவப்பது உடைத்து.	1057
இரப்பாரை இல்லாயின் ஈர்ங்கண்மா ஞாலம் மரப்பாவை சென்றுவந் தற்று.	1058
ஈவார்கண் என்னுண்டாம் தோற்றம் இரந்துகோள் மேவார் இலாஅக் கடை.	1059
இரப்பான் வெகுளாமை வேண்டும் நிரப்பிடும்பை தானேயும் சாலும் கரி.	1060

Caibidil 106: **Déirc**

1051 Má chastar ort duine a bhféadfá déirc a iarraidh air,
   iarr déirc air;
   air siúd agus ní ortsa an locht má dhiúltaíonn sé.

1052 "Mo ghrása an déirc is an té do cheap í"—d'fhéadfadh
   an déirc a bheith taitneamhach má chaitear go maith
   leis an bhfear déirce.

1053 Rud álainn is ea é seasamh os comhair duine atá fial agus
   a thuigeann an dualgas atá air i leith na mbacach.

1054 Déirc a iarraidh ar dhuine nach ndiúltódh duit fiú ina chuid
   brionglóidí, is ionann sin agus déirc a thabhairt uait tú féin.

1055 Tá daoine ar an saol seo nach ndiúltódh déirc duit
   agus is os a gcomhair siúd a sheasann an fear déirce.

1056 Imeoidh plá na déirce nuair a nochtfaidh daoine nach ndiúltódh
   don fhear déirce.

1057 Nach ar an bhfear déirce a bhíonn an lúcháir
   nuair a bhronntar déirc air le cineáltas is le cúirtéis.

1058 Mura mbeadh ridirí an bhóthair ann, ní bheadh sa saol seo
   ach seó puipéad.

1059 Conas a mholfá an duine flaithiúil mura mbeadh bacaigh ann
   chun déirc a lorg is a fháil?

1060 Ní cóir don bhacach fearg a bheith air má dhiúltaítear dó;
   insíonn ainnise na bochtaineachta a scéal féin.

அதிகாரம் 107: இரவச்சம்

கரவாது உவந்தீயும் கண்ணன்னார் கண்ணும்
இரவாமை கோடி யுறும்.   1061

இரந்தும் உயிர்வாழ்தல் வேண்டின் பரந்து
கெடுக உலகியற்றி யான்.   1062

இன்மை இடும்பை இரந்துதீர் வாமென்னும்
வன்மையின் வன்பாட்டது இல்.   1063

இடமெல்லாம் கொள்ளாத் தகைத்தே இடமில்லாக்
காலும் இரவொல்லாச் சால்பு.   1064

தெண்ணீர் அடுபுற்கை ஆயினும் தாள்தந்தது
உண்ணலி னூங்கினியது இல்.   1065

ஆவிற்கு நீரென்று இரப்பினும் நாவிற்கு
இரவின் இளிவந்தது இல்.   1066

இரப்பன் இரப்பாரை எல்லாம் இரப்பின்
கரப்பார் இரவன்மின் என்று.   1067

இரவென்னும் ஏமாப்பில் தோணி கரவென்னும்
பார்தாக்கப் பக்கு விடும்.   1068

இரவுள்ள உள்ளம் உருகும் கரவுள்ள
உள்ளதூஉம் இன்றிக் கெடும்.   1069

கரப்பவர்க்கு யாங்கொளிக்கும் கொல்லோ இரப்பவர்
சொல்லாடப் போஉம் உயிர்.   1070

Caibidil 107: **Eagla roimh dhéirc a lorg**

1061 Déanfaidh sé an-mhaitheas go léir gan déirc a lorg,
 fiú ón duine a bhfuil croí na bó ann.

1062 Más é toil an Chruthaitheora é an bacach a chur
 ag siúl na mbóithre,
 fán fada ar Rí na nDúl.

1063 Níl baois níos mó ann ná a bheith ag brath ar dhéirc
 chun deireadh a chur leis an mbochtaineacht.

1064 An moladh is airde amuigh atá tuillte ag an té nach dtéann
 i muinín na déirce agus é in umar na haimléise.

1065 Is milis é an brachán tanaí lom
 nuair a shaothraítear go macánta é.

1066 Níl aon rud is mó a náireodh do theanga ná a bheith
 ag déircínteacht—mura mbeadh uait ach uisce don bhoin.

1067 Iarraim ar gach bacach: iarr déirc más gá
 ach ná hiarr ar fhear an doichill í.

1068 Scriosfar bád leochaileach na déirce
 ar Charraig an Doichill.

1069 Nuair a smaoiním ar ridirí an bhóthair,
 is láidir nach mbriseann mo chroí;
 nuair a smaoiním ansin ar lucht an doichill,
 feonn an croí i mo chliabh.

1070 Má iarrtar agus má dhiúltaítear don iarratas,
 is é deireadh an scéil é;
 cá rachaidh sé i bhfolach, an té a chuir deireadh
 leis an duine eile?

அதிகாரம் 108: *கயமை*

மக்களே போல்வர் கயவர் அவரன்ன
ஒப்பாரி யாங்கண்டது இல். 1071

நன்றறி வாரிற் கயவர் திருவுடையர்
நெஞ்சத்து அவலம் இலர். 1072

தேவர் அனையர் கயவர் அவருந்தாம்
மேவன செய்தொழுக லான். 1073

அகப்பட்டி ஆவாரைக் காணின் அவரின்
மிகப்பட்டுச் செம்மாக்கும் கீழ். 1074

அச்சமே கீழ்களது ஆசாரம் எச்சம்
அவாஉண்டேல் உண்டாம் சிறிது. 1075

அறைபறை அன்னர் கயவர்தாம் கேட்ட
மறைபிறர்க்கு உய்த்துரைக்க லான். 1076

ஈர்ங்கை விதிரார் கயவர் கொடிறுடைக்கும்
கூன்கையர் அல்லா தவர்க்கு. 1077

சொல்லப் பயன்படுவர் சான்றோர் கரும்புபோல்
கொல்லப் பயன்படும் கீழ். 1078

உடுப்பதூஉம் உண்பதூஉம் காணின் பிறர்மேல்
வடுக்காண வற்றாகும் கீழ். 1079

எற்றிற் குரியர் கயவரொன்று உற்றக்கால்
விற்றற்கு உரியர் விரைந்து. 1080

Caibidil 108: **Suarachas**

1071 Tá cuma an daonnaí ar an suarachán;
ní fhaightear an chosúlacht sin i measc speicis eile.

1072 Is cliste é an suarachán ná an duine a thuigeann
an chonair cheart: ní neach aithríoch é an suarachán.

1073 Is geall le déithe iad na suaracháin;
bíonn cead a gcos is a gcinn acu.

1074 Nuair a bhuaileann na suaracháin le brúideanna gan scrupall,
líontar le mórtas iad nuair a sháraíonn siad a chéile.

1075 Is í an eagla a spreagann an suarachán agus uaireanta, leis,
dúil sa mhaoin.

1076 Ar nós an druma cumarsáide,
scaipeann an suarachán ráflaí suaracha.

1077 Ní ghlanfadh an suarachán a lúidín tar éis béile
mura mbrisfeá a ghiall le dorn dúnta.

1078 Is leor nod don duine uasal chun scaoileadh le déirc;
an suarachán, ar nós cána siúcra, ní bhfaighfeá faic as gan é
a bhualadh.

1079 Nuair a fheiceann sé an duine dea-ghléasta dea-chothaithe,
is maith atá an suarachán in ann laigí an duine sin a nochtadh.

1080 Dhíolfadh an suarachán a anam in am an ghátair.
Cén scil eile atá aige?

பால் 3
காமத்துப்பால்

3.1 *களவியல்*
அதிகாரம் 109: **தகையணங்குறுத்தல்**

அணங்குகொல் ஆய்மயில் கொல்லோ கனங்குழை மாதர்கொல் மாலும்என் நெஞ்சு.	1081
நோக்கினாள் நோக்கெதிர் நோக்குதல் தாக்கணங்கு தானைக்கொண் டன்னது உடைத்து.	1082
பண்டறியேன் கூற்றென் பதனை இனியறிந்தேன் பெண்டகையால் பேரமர்க் கட்டு.	1083
கண்டார் உயிருண்ணும் தோற்றத்தால் பெண்டகைப் பேதைக்கு அமர்த்தன கண்.	1084
கூற்றமோ கண்ணோ பிணையோ மடவரல் நோக்கம்இம் மூன்றும் உடைத்து.	1085
கொடும்புருவம் கோடா மறைப்பின் நடுங்கஞர் செய்யல மன்இவள் கண்.	1086

Leabhar 3
Grá

3.1 Grá roimh phósadh
Caibidil 109: **An áilleacht is crá croí ann**

1081 An aingeal í faoina seodra
nó péacóg, nó spéirbhean?
I lúb na lúb atáim.

1082 Breathnaímse uirthi, breathnaíonn sí ar ais.
An aingeal cogaidh í agus arm laistiar di?

1083 Níor thuigeas an Bás go dtí seo.
Tuigim anois é—is í péarla an bhrollaigh bháin í agus faghairt ina súile.

1084 Súile an ghearrchaile ghrástúil,
súile a mharódh an té a fhéachfadh uirthi.

1085 An Bás, ab ea?
Nó súile?
Nó eilit?
Táid ar fad i bhféachaint na hainnire óige seo.

1086 Nach cruálach iad na braoithe sin
atá cam mar bhogha
is a scaoileann ainnise chugam?
Tá crith cos is lámh orm.

கடாஅக் களிற்றின்மேல் கட்படாம் மாதர்
படாஅ முலைமேல் துகில்.   1087

ஒண்ணுதற் கோஒ உடைந்ததே ஞாட்பினுள்
நண்ணாரும் உட்கும்என் பீடு.   1088

பிணையேர் மடநோக்கும் நாணும் உடையாட்கு
அணிஎவனோ ஏதில தந்து.   1089

உண்டார்கண் அல்லது அடுநறாக் காமம்போல்
கண்டார் மகிழ்செய்தல் இன்று.   1090

1087 Mar róba ar eilifint mhire
 a chlúdaíonn a shúile
 an caille úd ar a brollach cuartha.

1088 An misneach atá ionamsa,
 misneach a chuireann sceimhle ar an namhaid
 nár sheas i mo choinne riamh ar pháirc an chatha,
 tá an misneach sin tréigthe ó d'fhéachas-sa ar a clár éadain cailce.

1089 Mar ghasail an fhéachaint sin
 agus í modhúil mánla mar bharr maise air sin:
 níl gá aici siúd le seodra.

1090 Níl meisce san fhíon go n-óltar é.
 Murab ionann agus an grá,
 níl aon éifeacht aige ort má bhreathnaíonn tú air.

அதிகாரம் 110: **குறிப்பறிதல்**

இருநோக்கு இவளுண்கண் உள்ளது ஒருநோக்கு
நோய்நோக்கொன் றந்நோய் மருந்து.   1091

கண்களவு கொள்ளும் சிறுநோக்கம் காமத்தில்
செம்பாகம் அன்று பெரிது.   1092

நோக்கினாள் நோக்கி இறைஞ்சினாள் அஃதவள்
யாப்பினுள் அட்டிய நீர்.   1093

யான்நோக்கும் காலை நிலன்நோக்கும் நோக்காக்கால்
தான்நோக்கி மெல்ல நகும்.   1094

குறிக்கொண்டு நோக்காமை அல்லால் ஒருகண்
சிறக்கணித்தாள் போல நகும்.   1095

உறாஅ தவர்போல் சொலினும் செறாஅர்சொல்
ஒல்லை உணரப் படும்.   1096

செறாஅச் சிறுசொல்லும் செற்றார்போல் நோக்கும்
உறாஅர்போன்று உற்றார் குறிப்பு.   1097

Caibidil 110: **Comharthaí an ghrá a aithint**

1091 Tá an dá fhéachaint ina súile.
An fhéachaint a fhágann an galar ort
agus an fhéachaint a leigheasann an galar.

1092 Sa chatsúil sin
tá leath an ghrá—
mó níos mó, dar fia!

1093 D'fhéach sí orm.
D'fhéach is d'iompaigh cúthail.
Is mar sin a d'uiscigh sí
planda glas ár ngrá.

1094 Nuair a fhéachaimse uirthi
stánann sí ar an talamh.
Nuair a iompaím mo radharc uaithi
féachann sí orm
agus meangadh séimh ar a béilín.

1095 Féachann sí orm
ach ní go díreach
agus meangadh beag gáire uirthi
faoi mar nach é sin a bhí ar intinn aici
in aon chor.

1096 Labhrann sí
faoi mar a bheadh goimh uirthi.
Tá cuthach anois uirthi—
fearg, mar dhea.
Tuigim ar ball
cad atá ag déanamh scime dhi.

1097 Binb is gan aon rud laistiar de;
stánadh feargach nach bhfuil ann ach aisteoireacht:
sin iad na comharthaí sóirt.
Ní naimhdeas atá ina croí istigh
ach grá buan daingean.

அசையியற்கு உண்டாண்டோர் ஏஎர்யான் நோக்கப்
பசையினள் பைய நகும்.   1098

ஏதிலார் போலப் பொதுநோக்கு நோக்குதல்
காதலார் கண்ணே உள.   1099

கண்ணொடு கண்ணிணை நோக்கொக்கின் வாய்ச்சொற்கள்
என்ன பயனும் இல.   1100

1098 Tá niamhracht ag baint leis an gcailín séimh seo:
ó, an meangadh gáire sin,
an croí ag bogadh inti go séimh
nuair a fhéachaim uirthi!

1099 Ag féachaint ar a chéile
faoi mar ba strainséirí sinn.
Leannáin amháin a dhéanann é sin.

1100 Níl feidhm leis an bhfocal
má tá na súile ag aontú lena chéile.

அதிகாரம் 111: **புணர்ச்சி மகிழ்தல்**

கண்டுகேட்டு உண்டுயிர்த்து உற்றறியும் ஐம்புலனும்
ஒண்டொடி கண்ணே உள.   1101

பிணிக்கு மருந்து பிறமன் அணியிழை
தன்நோய்க்குத் தானே மருந்து.   1102

தாம்வீழ்வார் மென்றோள் துயிலின் இனிதுகொல்
தாமரைக் கண்ணான் உலகு.   1103

நீங்கின் தெறூஉம் குறுகுங்கால் தண்ணென்னும்
தீயாண்டுப் பெற்றாள் இவள்.   1104

வேட்ட பொழுதின் அவையவை போலுமே
தோட்டார் கதுப்பினாள் தோள்.   1105

உறுதோறு உயிர்தளிர்ப்பத் தீண்டலால் பேதைக்கு
அமிழ்தின் இயன்றன தோள்.   1106

தம்மில் இருந்து தமதுபாத்து உண்டற்றால்
அம்மா அரிவை முயக்கு.   1107

வீழும் இருவர்க்கு இனிதே வளியிடை
போழப் படாஅ முயக்கு.   1108

ஊடல் உணர்தல் புணர்தல் இவைகாமம்
கூடியார் பெற்ற பயன்.   1109

அறிதோறு அறியாமை கண்டற்றால் காமம்
செறிதோறும் சேயிழை மாட்டு.   1110

Caibidil 111: **Pléisiúr an ghrá**

1101 Tagann beocht sna cúig céadfaí,
 radharc, éisteacht, blas, boladh, is tadhall
 i dteannta ainnir na mbráisléad lonrach.

1102 Ní hionann an galar is a leigheas.
 Ach is í mo chailínse faoina seodra an leigheas ar an ngalar
 is a chúis.

1103 Nuair a thagtar ar ghualainn bhog an leannáin chun codladh
 uirthi,
 cad atá níos aoibhne—parthas i dteannta Visniú na súl loiteoige?

1104 An tine a dhónn mé agus mé i gcéin
 a chuireann creathán tríom is mé gar di
 cá bhfuair sí tine mar í?

1105 Má shantaímse aon ní, siúd romham iad:
 guaillí an té a bhfuil a dlaoithe maisithe le bláthanna.

1106 Nuair a bheireann sí barróg orm,
 athphéacann mo shaol faoina lámha neachtair!

1107 Croí istigh a dhéanamh leis an ainnir seo
 a bhfuil a snua mar an mangó,
 is geall le daoine eile a chothú é
 agus an mhaoin a saothraíodh go dian a roinnt leo.

1108 Santaímid a chéile agus nach aoibhinn í
 an bharróg a bheirimid ar a chéile,
 barróg chomh docht sin nach ligfeadh sí puth aeir eadrainn.

1109 Cuireann sí pus uirthi féin nuair a éiríonn eadrainn
 ach tagaimid ar réiteach agus ar fhaoiseamh an ghrá
 a aontaíonn sinn.

1110 Dá mhéad a fhoghlaimímid is ea is mó atá le foghlaim againn
 agus is mar sin é liom féin is le mo sheoidbheainín
 is sinn ag foghlaim ceachtanna an ghrá.

அதிகாரம் 112: நலம் புனைந்துரைத்தல்

நன்னீரை வாழி அனிச்சமே நின்னினும்
மென்னீரள் யாம்வீழ் பவள்.   1111

மலர்காணின் மையாத்தி நெஞ்சே இவள்கண்
பலர்காணும் பூவொக்கும் என்று.   1112

முறிமேனி முத்தம் முறுவல் வெறிநாற்றம்
வேலுண்கண் வேய்த்தோ ளவட்கு.   1113

காணிற் குவளை கவிழ்ந்து நிலன்நோக்கும்
மாணிழை கண்ணொவ்வேம் என்று.   1114

அனிச்சப்பூக் கால்களையாள் பெய்தாள் நுசுப்பிற்கு
நல்ல படாஅ பறை.   1115

மதியும் மடந்தை முகனும் அறியா
பதியிற் கலங்கிய மீன்.   1116

அறுவாய் நிறைந்த அவிர்மதிக்குப் போல
மறுவுண்டோ மாதர் முகத்து.   1117

மாதர் முகம்போல் ஒளிவிட வல்லையேல்
காதலை வாழி மதி.   1118

Caibidil 112: **Moltar a meallacacht**

1111 Is bog é an falcaire fiáin, gan amhras
      ach is boige í an bhé a shantaímse.

1112 A anam liom,
      mealltar mo chroí ar fheiceáil bláthanna dom
      agus mé ag samhlú gurb iad súile mo ghrása iad.

1113 Mar bhambú a snua
      a gáire péarlach
      a cumhracht meisciúil
      goineann a súile smeartha mé mar lansa.

1114 Luífeadh an loiteog ghorm roimpi go faonlag
      ceann faoi
      dá bhfeicfeadh sí súile an té
      atá maisithe le clocha lómhara.

1115 Chaith sí an falcaire fiáin gan an gas a bhaint de.
      Ní chloisfidh ainnir an vásta chaoil na drumaí níos mó.

1116 Cé acu an ghealach
      is cé acu aghaidh na bruinnille,
      tá na réaltaí idir dhá chomhairle
      agus iad curtha dá gcúrsa.

1117 Líonadh agus caitheamh na ré lonraí—
      tá smál uirthi.
      An bhfuil oiread is smál amháin
      ar ghnúis na maighdine?

1118 Go maire an ré!
      Beidh grá agam duitse chomh maith
      má lonraíonn tú mar a lonraíonn
      aghaidh mo chailínse.

மலரன்ன கண்ணாள் முகமொத்தி யாயின்
பலர்காணத் தோன்றல் மதி.   1119

அனிச்சமும் அன்னத்தின் தூவியும் மாதர்
அடிக்கு நெருஞ்சிப் பழம்.   1120

1119 Más mian leat aithris a dhéanamh ar mo ghrása
ar geall le blátha iad a dhá súil,
ná bíodh do loinnir le feiceáil, a ré, ach agam féin amháin.

1120 An falcaire fiáin,
cleite eala,
faoi chos na hainnire
toradh deilgneach an Nerunji iad.

அதிகாரம் 113: *காதற் சிறப்புரைத்தல்*

பாலொடு தேன்கலந் தற்றே பணிமொழி
வாலெயிறு ஊறிய நீர். 1121

உடம்பொடு உயிரிடை என்னமற் றன்ன
மடந்தையொடு எம்மிடை நட்பு. 1122

கருமணியிற் பாவாய்நீ போதாயாம் வீழும்
திருநுதற்கு இல்லை இடம். 1123

வாழ்தல் உயிர்க்கன்னள் ஆயிழை சாதல்
அதற்கன்னள் நீங்கு மிடத்து. 1124

உள்ளுவன் மன்யான் மறப்பின் மறப்பறியேன்
ஒள்ளமர்க் கண்ணாள் குணம். 1125

கண்ணுள்ளின் போகார் இமைப்பின் பருகுவரா
நுண்ணியர்எங் காத லவர். 1126

கண்ணுள்ளார் காத லவராகக் கண்ணும்
எழுதேம் கரப்பாக்கு அறிந்து. 1127

நெஞ்சத்தார் காத லவராக வெய்துண்டல்
அஞ்சுதும் வேபாக்கு அறிந்து. 1128

Caibidil 113: **Molaimis an grá**

1121 Ar sé:
Bainne is mil tríd
an seile ag teacht óna béal déadgheal
lán de bhriathra milse.

1122 Caidreamh an anama
leis an gcolainn?
Sin é an ceangal eadrainn.

1123 Amach le mo mhac imrisc!
Níl slí i mo shúilese
don chailín ar thug mé gean di—
nach breá iad a braoithe!

1124 An cailín atá maisithe le seoda
is í an bheatha féin í faram,
agus is é an bás chugam é
í a fhágáil.

1125 Dá ndéanfainn dearmad uirthi
(agus ní dhéanfainn)
dearmad ní dhéanfainn go deo ar a súile geala
a bhfuil faghairt iontu.

1126 Ar sise:
Ní imíonn sé riamh ó mo shúilese.
Ní chaochaim súil ar eagla go ngortóinn é.

1127 Ina chónaí i mo shúilese atá mo ghrá geal.
Ní phéinteálfainn go deo iad ar eagla go n-imeodh sé seal.

1128 Lonnaíonn mo ghrása im' chroí istigh;
tá faitíos orm bia te a ithe ar eagla go ndófainn é.

இமைப்பின் கரப்பாக்கு அறிவல் அனைத்திற்கே
ஏதிலர் என்னும்இவ் வூர்.   1129

உவந்துறைவர் உள்ளத்துள் என்றும் இகந்துறைவர்
ஏதிலர் என்னும்இவ் வூர்.   1130

1129 Dá ndúnfainn mo shúile
 bheadh caille air.
 Sin an fáth nach gcodlaím.
 Is dóigh le muintir an bhaile gur cuma sa sioc leis
 mar gheall orm.

1130 Cónaíonn sé go gliondrach
 i mo chroíse go deo.
 Ach deir muintir an bhaile nach bhfuil croí ar bith ann mar nach
 in aontíos lena chéile atáimid.

அதிகாரம் 114: நாணுத் துறவுரைத்தல்

காமம் உழந்து வருந்தினார்க்கு ஏமம்
மடலல்லது இல்லை வலி.   1131

நோனா உடம்பும் உயிரும் மடலேறும்
நாணினை நீக்கி நிறுத்து.   1132

நாணொடு நல்லாண்மை பண்டுடையேன் இன்றுடையேன்
காமுற்றார் ஏறும் மடல்.   1133

காமக் கடும்புனல் உய்க்குமே நாணொடு
நல்லாண்மை என்னும் புணை.   1134

தொடலைக் குறுந்தொடி தந்தாள் மடலொடு
மாலை உழக்கும் துயர்.   1135

மடலூர்தல் யாமத்தும் உள்ளுவேன் மன்ற
படல்ஒல்லா பேதைக்கென் கண்.   1136

கடலன்ன காமம் உழந்தும் மடலேறாப்
பெண்ணின் பெருந்தக்கது இல்.   1137

Caibidil 114: **Slán le cúthaileacht**

1131 Ar seisean:
Iad siúd a bhfuil galar an ghrá orthu
níl leigheas i ndán dóibh
gan dul ag marcaíocht tríd an mbaile ar an gcapall pailme
agus a ngrá a fhógairt os comhair an tsaoil.

1132 Níl an cholainn ná an t-anam
in ann é a fhulaingt níos mó.
Slán le cúthaileacht.
In airde leo ar an gcapall pailme
chun a ngrá a chraobhscaoileadh.

1133 Is cúthail cúirtéiseach a bhíos-sa tráth.
Níl agam anois ach an capall pailme
a iompraíonn marcach an chroí chráite.

1134 Scuabfaidh sruth mo mhianta
rafta na modhúlachta
agus na calmachta chun siúil.

1135 Bean na mionbhráisléad
ar nós coirníní bláfara,
d'fhág sí agam an capall pailme
agus uaigneas mór i lár na hoíche.

1136 Mé gan suan gan srann
agus an cailín sin is cúis leis.
Fiú in uair mharbh na hoíche
bíonn fonn orm léim ar an gcapall bréige.

1137 Ar sise:
Spreagann muir an ghrá tnúthán.
Ach ní théimse ag marcaíocht ar chapall pailme.
Nach méanar don té
a rugadh ina bean?

நிறையரியர் மன்அளியர் என்னாது காமம்
மறையிறந்து மன்று படும்.   1138

அறிகிலார் எல்லாரும் என்றேஎன் காமம்
மறுகின் மறுகும் மருண்டு.   1139

யாங்கண்ணின் காண நகுப அறிவில்லார்
யாம்பட்ட தாம்படா வாறு.   1140

1138 Níor spáráil an grá mé
 ainneoin mo chúthaileachta
 is níor ghlac an grá trua dom.
 Is léir mo ghrá os comhair an tsaoil.

1139 Níl a fhios ag éinne, mheasas,
 agus an grá a cheileas
 nocht sé é féin
 i bhfoirm luaidreán is cúlchainte
 ar na sráideanna.

1140 Bíonn na hainbhiosáin
 ag magadh fúm
 nuair a fheiceann siad mé.
 Á, tá siad dall ar fad
 ar a bhfuil gafa tríd agam.

அதிகாரம் 115: அலர் அறிவுறுத்தல்

அலரெழ ஆருயிர் நிற்கும் அதனைப்
பலரறியார் பாக்கியத் தால்.   1141

மலரன்ன கண்ணாள் அருமை அறியாது
அலரெமக்கு ஈந்ததிவ் வூர்.   1142

உறாஅதோ ஊரறிந்த கௌவை அதனைப்
பெறாஅது பெற்றன்ன நீர்த்து.   1143

கவ்வையால் கவ்விது காமம் அதுஇன்றேல்
தவ்வென்னும் தன்மை இழந்து.   1144

களித்தொறும் கள்ளுண்டல் வேட்டற்றால் காமம்
வெளிப்படுந் தோறும் இனிது.   1145

கண்டது மன்னும் ஒருநாள் அலர்மன்னும்
திங்களைப் பாம்புகொண் டற்று.   1146

ஊரவர் கௌவை எருவாக அன்னைசொல்
நீராக நீளும்இந் நோய்.   1147

நெய்யால் எரிநுதுப்பேம் என்றற்றால் கௌவையால்
காமம் நுதுப்பேம் எனல்.   1148

அலர்நாண ஒல்வதோ அஞ்சலோம்பு என்றார்
பலர்நாண நீத்தக் கடை.   1149

தாம்வேண்டின் நல்குவர் காதலர் யாம்வேண்டும்
கௌவை எடுக்கும்இவ் வூர்.   1150

Caibidil 115: **Ráfla á fhógairt**

1141 Spárálfar m'anam de thoradh an ráfla seo agus is maith
nach bhfuil a fhios ag éinne faoi seo.

1142 Ní thuigeann muintir an bhaile seo áilleacht a cuid súl
agus tá ráflaí scaipthe acu mar gheall orm.

1143 Nach é mo leas é, an ráfla atá scaipthe ar fud an bhaile?
An rud nach bhfuil agam ach ina ráfla amháin.

1144 Méadú ar mo chíocrais é an ráfla;
murach é bheinn lagbhríoch patuar.

1145 Dá mhéad ar meisce é an duine, is ea is mó a thart;
dá mhéad a nochtar mo ghrása trí ráfla, is ea is milse domsa é.

1146 Ní fhaca mé é ach aon lá amháin:
ní fada a bhíonn na ráflaí ag scaipeadh
faoi mar a shlogann an nathair an ghealach.

1147 Tá méadú ar m'imní: giob geab na mban mar aoileach
ar phlanda m'imní agus focail ghéara mo mháthar á uisciú.

1148 Paisean a mhúchadh le ráflaí
nó tine a mhúchadh le him gléghlanta.

1149 É siúd a dúirt "Ná bíodh eagla ort", tá sé imithe anois
agus is náirithe atáim—
cén fáth a gcuirfeadh ráflaí isteach orm?

1150 Scaipeann muintir an bhaile an ráfla is rogha liom;
dá dtuigfeadh mo leannán méid mo ghrá dó,
ligfeadh sé dom é a leanúint.

3.2 கற்பியல்
அதிகாரம் 116: பிரிவாற்றாமை

செல்லாமை உண்டேல் எனக்குரை மற்றுநின் வல்வரவு வாழ்வார்க்கு உரை.	1151
இன்கண் உடைத்தவர் பார்வல் பிரிவஞ்சும் புன்கண் உடைத்தால் புணர்வு.	1152
அரிதரோ தேற்றம் அறிவுடையார் கண்ணும் பிரிவோ ரிடத்துண்மை யான்.	1153
அளித்தஞ்சல் என்றவர் நீப்பின் தெளித்தசொல் தேறியார்க்கு உண்டோ தவறு.	1154
ஓம்பின் அமைந்தார் பிரிவோம்பல் மற்றவர் நீங்கின் அரிதால் புணர்வு.	1155
பிரிவுரைக்கும் வன்கண்ணர் ஆயின் அரிதவர் நல்குவர் என்னும் நசை.	1156
துறைவன் துறந்தமை தூற்றாகொல் முன்கை இறைஇறவா நின்ற வளை.	1157
இன்னாது இனன்இல்லூர் வாழ்தல் அதனினும் இன்னாது இனியார்ப் பிரிவு.	1158
தொடிற்சுடின் அல்லது காமநோய் போல விடிற்சுடல் ஆற்றுமோ தீ.	1159
அரிதாற்றி அல்லல்நோய் நீக்கிப் பிரிவாற்றிப் பின்இருந்து வாழ்வார் பலர்.	1160

3.2 An grá sa phósadh
Caibidil 116: **Scaradh nach féidir a fhulaingt**

1151 Mura bhfuil tú chun teitheadh uaim, abair liom:
 má fhillfidh tú gan mhoill, abair leo siúd a bheidh ar marthain é.

1152 B'aoibhinn breathnú ar a aghaidh;
 an bharróg féin ba phianmhar anois í dá scarfadh sé uaim.

1153 An leannán a thuigeann an uile ní, d'fhéadfadh seisean imeacht
 ar uairibh;
 táim gann ar dhóchas.

1154 Má imíonn an té a thug grá dom agus a dúirt,
 "Ná bíodh eagla ort",
 an ar an té a chreid sa dearbh-bhriathar sin an locht?

1155 Más mian leat mé a tharrtháil, ná lig don té a bheidh mar chéile
 agam imeacht; má imíonn sé, beadsa gan a bharróg go deo.

1156 Má tá sé chomh cruachroíoch sin is go luafadh sé liom
 go bhfuil sé chun bóthar a bhualadh,
 éireodsa as an dóchas sin gur buan dá ghrá.

1157 Ba chomhartha é an bráisléad a sciorr dem' rosta,
 mo ghile mear ag imeacht uaim.

1158 Mo chreach agus cónaí orm i mbaile gan chairde;
 mo mhíle creach, scarúint le mo ghrása.

1159 Dóitear an lámh sa tine; dónn galar an ghrá mé is mo ghrása
 i bhfad uaim.

1160 Is iomaí duine a chuireann suas leis an méid nach féidir
 a fhulaingt, a chuireann an ruaig ar an gcrá, agus a mhaireann
 ó lá go lá tar éis scarúna.

அதிகாரம் 117: மெலிந்து இரங்கல்

மறைப்பேன்மன் யானி:்தோ நோயை இறைப்பவர்க்கு
ஊற்றுநீர் போல மிகும். 1161

கரத்தலும் ஆற்றேன்இந் நோயைநோய் செய்தார்க்கு
உரைத்தலும் நாணுத் தரும். 1162

காமமும் நாணும் உயிர்காவாத் தூங்கும்என்
நோனா உடம்பின் அகத்து. 1163

காமக் கடல்மன்னும் உண்டே அதுநீந்தும்
ஏமப் புணைமன்னும் இல். 1164

துப்பின் எவனாவர் மன்கொல் துயர்வரவு
நட்பினுள் ஆற்று பவர். 1165

இன்பம் கடல்மற்றுக் காமம் அஃதடுங்கால்
துன்பம் அதனிற் பெரிது. 1166

காமக் கடும்புனல் நீந்திக் கரைகாணேன்
யாமத்தும் யானே உளேன். 1167

மன்னுயிர் எல்லாம் துயிற்றி அளித்திரா
என்னல்லது இல்லை துணை. 1168

கொடியார் கொடுமையின் தாம்கொடிய இந்நாள்
நெடிய கழியும் இரா. 1169

உள்ளம்போன்று உள்வழிச் செல்கிற்பின் வெள்ளநீர்
நீந்தல மன்னோஎன் கண். 1170

Caibidil 117: **Gearáin**

1161 M'arraing a cheilt ar an saol, ní féidir: is abhainn í á cothú
ag toibreacha síoraí.

1162 Nílim in ann m'arraing a cheilt, ná mo chás a mhíniú gan náire
a tharraingt ar an té is cúis leis.

1163 Dúil is náire á n-iompar ag m'anam;
eire róthrom don cholainn lag seo.

1164 Loch lán mo mhianta, is gan rafta a thabharfadh slán
go dtí an bruach thall mé.

1165 An té atá in ann buairt a bhaint as cairdeas,
cad a bhainfeadh sé as naimhdeas?

1166 Is mó ná an mhuir é pléisiúr na mianta ach is mó ná sin fós í
an phian a ghabhann leo.

1167 Shnámhas thar thuile uafásach na mianta gan radharc a fháil
ar an mbruach thall; mé liom féin i lár na hoíche;
agus fós is beo dom.

1168 Seoithín seó—cuireann an oíche an saol ina chodladh
go sámh gan ach mise aici mar chompánach.

1169 Is cruálaí ná an bhrúid atá do mo chrá iad
na hoícheanta fada seo.

1170 Dá n-eitleodh mo shúile mar a eitlíonn mo chuid smaointe go dtí
an áit a bhfuil mo rún, ní báite ina ndeora féin a bheidís anois.

அதிகாரம் 118: **கண்விதுப்பழிதல்**

கண்தாம் கலுழ்வ தெவன்கொலோ தண்டாநோய்
தாம்காட்ட யாம்கண் டது.   1171

தெரிந்துணரா நோக்கிய உண்கண் பரிந்துணராப்
பைதல் உழப்பது எவன்.   1172

கதுமெனத் தாநோக்கித் தாமே கலுழும்
இதுநகத் தக்கது உடைத்து.   1173

பெயலாற்றா நீருலந்த உண்கண் உயலாற்றா
உய்வில்நோய் என்கண் நிறுத்து.   1174

படலாற்றா பைதல் உழக்கும் கடலாற்றாக்
காமநோய் செய்தளன் கண்.   1175

ஓஓ இனிதே எமக்கிந்நோய் செய்தகண்
தாஅம் இதற்பட் டது.   1176

உழந்துழந்து உள்நீர் அறுக விழைந்திழைந்து
வேண்டி யவர்க்கண்ட கண்.   1177

பேணாது பெட்டார் உளர்மன்னோ மற்றவர்க்
காணாது அமைவில கண்.   1178

வாராக்கால் துஞ்சா வரின்துஞ்சா ஆயிடை
ஆரஞர் உற்றன கண்.   1179

மறைபெறல் ஊரார்க்கு அரிதன்றால் எம்போல்
அறைபறை கண்ணார் அகத்து.   1180

Caibidil 118: **Ídithe ag an mbuairt atá mo shúile**

1171 Ós iad na súile seo a thaispeáin dom an té is cúis leis an ngalar
seo gan leigheas, cén fáth nach silfeadh siad na deora goirt?

1172 Na súile maisithe a thug faoi deara é an chéad lá,
gan smaoineamh ar an lá amárach,
cén fáth nach gcaoinfidís anois go géar féincháinteach?

1173 Ná súile a bhreathnaigh air le fonn, ag sileadh na ndeor
atá siad anois. Cúis gháire ó Dhia chugainn!

1174 Na súile maisithe ba chúis leis an ngalar marfach seo,
ní chaoineann siad níos mó; tá na deora imithe i ndísc.

1175 Mo shúile a chruthaigh mo mhianta ina lán mara,
fanann siad ar leathadh anois, gan suan.

1176 Na súile is cúis leis an bhfulaingt seo go léir,
ag fulaingt atá siadsan anois. A chonách san orthu!

1177 Na súile a bhí dírithe air go lách, tráth,
go n-imí a ndeora i ndísc go brách.

1178 A bheola seachas a chroí a thug grá dom,
agus tá mo shúile ag fulaingt gan é a fheiceáil.

1179 Ní chodlaíonn siad agus é as láthair; ní chodlaíonn siad agus é
i láthair; ann agus as, tá mo shúile cráite aige de shíor.

1180 Tá an scéal ar eolas ag madraí an bhaile; insíonn mo shúile
rún mo chroí chomh glé leis an druma teachtaireachta.

அதிகாரம் 119: *பசப்புறு பருவரல்*

நயந்தவர்க்கு நல்காமை நேர்ந்தேன் பசந்தவென் பண்பியார்க்கு உரைக்கோ பிற.	1181
அவர்தந்தார் என்னும் தகையால் இவர்தந்தென் மேனிமேல் ஊரும் பசப்பு.	1182
சாயலும் நாணும் அவர்கொண்டார் கைம்மாறா நோயும் பசலையும் தந்து.	1183
உள்ளுவன் மன்யான் உரைப்பது அவர்திறமால் கள்ளம் பிறவோ பசப்பு.	1184
உவக்காண்எம் காதலர் செல்வார் இவக்காண்என் மேனி பசப்பூர் வது.	1185
விளக்கற்றம் பார்க்கும் இருளேபோல் கொண்கன் முயக்கற்றம் பார்க்கும் பசப்பு.	1186
புல்லிக் கிடந்தேன் புடைபெயர்ந்தேன் அவ்வளவில் அள்ளிக்கொள் வற்றே பசப்பு.	1187
பசந்தாள் இவள்என்பது அல்லால் இவளைத் துறந்தார் அவர்என்பார் இல்.	1188
பசக்கமன் பட்டாங்கென் மேனி நயப்பித்தார் நன்னிலையர் ஆவர் எனின்.	1189
பசப்பெனப் பேர்பெறுதல் நன்றே நயப்பித்தார் நல்காமை தூற்றார் எனின்.	1190

Caibidil 119: **Mílítheach mé**

1181 Mise a lig dom' thiarna grámhar imeacht,
mé chomh bán anois le céir na gcoinneal:
cé a éistfidh lem' ghearán?

1182 An mhílí seo, faoi mar ba bhródúil í gurbh eisean faoi deara í,
aithnítear ar an mílí sin anois mé.

1183 Bhain sé idir áilleacht is mhodhúlacht díom agus d'fhág ina n-áit
galar is mílí.

1184 Nuair a smaoiním air, is ar a ardcháilíochtaí a smaoiním;
ach is mílítheach mé, mar sin nílim ag smaoineamh i gceart.

1185 Chuaigh mo leannán ar fán; d'fhág mise sa bhaile
agus lí an bháis orm.

1186 Fanann an dorchadas go n-ídíonn an lampa;
d'fhan an mhílí chun áit mo thiarnasa a ghlacadh.

1187 Bhíos-sa i mo luí lena thaobh, chasas gan fhios dom féin;
rug an mhílí orm, mé i mo chreach a bhí ag feitheamh léi.

1188 "Féach chomh mílítheach is atá sí," a deir siad; ní deir éinne,
"Tá sí tréigthe aige."

1189 Más neamhchiontach é an té ar ligeas dó imeacht,
fulaingíodh mo cholainn mhílítheach a bhfuil tuillte aici.

1190 Ba chuma liom iad a rá gur ar dhath an bháis atáim
má staonann siad ó mo thiarnasa a cháineadh ar thug
mo shúil taitneamh dó tráth.

அதிகாரம் 120: தனிப்படர் மிகுதி

தாம்வீழ்வார் தம்வீழப் பெற்றவர் பெற்றாரே
காமத்துக் காழில் கனி.   1191

வாழ்வார்க்கு வானம் பயந்தற்றால் வீழ்வார்க்கு
வீழ்வார் அளிக்கும் அளி.   1192

வீழுநர் வீழப் படுவார்க்கு அமையுமே
வாழுநம் என்னும் செருக்கு.   1193

வீழப் படுவார் கெழீஇயிலர் தாம்வீழ்வார்
வீழப் படாஅர் எனின்.   1194

நாம்காதல் கொண்டார் நமக்கெவன் செய்பவோ
தாம்காதல் கொள்ளாக் கடை.   1195

ஒருதலையான் இன்னாது காமம்காப் போல
இருதலை யானும் இனிது.   1196

பருவரலும் பைதலும் காணான்கொல் காமன்
ஒருவர்கண் நின்றொழுகு வான்.   1197

வீழ்வாரின் இன்சொல் பெறாஅது உலகத்து
வாழ்வாரின் வன்கணார் இல்.   1198

நசைஇயார் நல்கார் எனினும் அவர்மாட்டு
இசையும் இனிய செவிக்கு.   1199

உறாஅர்க்கு உறுநோய் உரைப்பாய் கடலைச்
செறாஅஅய் வாழிய நெஞ்சு.   1200

Caibidil 120: **An arraing aonair**

1191 Na mná a dtugann a gcuid leannán grá dóibh,
 nach acusan atá an toradh gan chloch is an pléisiúr go léir!

1192 Grá a thabhairt don té a bhfuil grá agat dó,
 is geall le huisce na spéire é nuair atá coinne agat leis.

1193 "Nach aoibhinn a bheith beo!" Ní oireann an chaint sin
 ach don té a fhaigheann grá céile.

1194 D'fhéadfadh ainm in airde a bheith ort,
 ach ní duine foirfe thú gan grá do chéile a bheith agat.

1195 An té a dtugaimse grá dó,
 cad a dhéanfadh seisean gan grá a bheith aige domsa?

1196 Ní maith é an grá aontaobhach; ní mór dó a bheith
 ar an dá thaobh, mar a iompraíonn póirtéir a ualach.

1197 An cás le Cúipid duine amháin
 nó an cás leis an bheirt?

1198 Níl éinne chomh cruachroíoch leis an té a mhaireann
 ó lá go lá gan focal caoin a chloisteáil óna ghrá geal.

1199 Cé nach dtagann an focal grámhar uaidh,
 mar sin féin is binn liom gach siolla uaidh.

1200 Do bhuairt a roinnt leis an té nach dtugann duit grá?
 Slán, a anam liom, muir do dheor ag bualadh ar an trá!

அதிகாரம் 121: நினைந்தவர் புலம்பல்

உள்ளினும் தீராப் பெருமகிழ் செய்தலால்
கள்ளினும் காமம் இனிது.   1201

எனைத்தொன்று இனிதேகாண் காமந்தாம் வீழ்வார்
நினைப்ப வருவதொன்று இல்.   1202

நினைப்பவர் போன்று நினையார்கொல் தும்மல்
சினைப்பது போன்று கெடும்.   1203

யாமும் உளேங்கொல் அவர்நெஞ்சத்து எந்நெஞ்சத்து
ஓஒ உளரே அவர்.   1204

தம்நெஞ்சத்து எம்மைக் கடிகொண்டார் நாணார்கொல்
எம்நெஞ்சத்து ஓவா வரல்.   1205

மற்றியான் என்னுளேன் மன்னோ அவரொடுயான்
உற்றநாள் உள்ள உளேன்.   1206

மறப்பின் எவனாவன் மற்கொல் மறப்பறியேன்
உள்ளினும் உள்ளம் சுடும்.   1207

எனைத்து நினைப்பினும் காயார் அனைத்தன்றோ
காதலர் செய்யும் சிறப்பு.   1208

விளியுமென் இன்னுயிர் வேறல்லம் என்பார்
அளியின்மை ஆற்ற நினைந்து.   1209

விடாஅது சென்றாரைக் கண்ணினால் காணப்
படாஅதி வாழி மதி.   1210

Caibidil 121: **Cuimhní uaigneacha**

1201 Is milse ná fíon é luí le do leannán,
 is milse iad na cuimhní.

1202 Nach iontach é an grá! Smaoinigh ar do ghrá agus imeoidh
 an crá,
 is iontach é go brách.

1203 Tá sraoth orm—níl níos mó;
 bhí mo ghrá chun smaoineamh orm—fadó!

1204 An bhfuil áit aige domsa ina chroí?
 Beidh sé ionamsa go síoraí.

1205 Táim i mo chime ina anam aige;
 an náir leis cuairt a thabhairt ormsa?

1206 Beo ar chuimhní amháin atáim—sinn araon, taobh le taobh;
 murach sin, ní bheinnse beo in aon chor.

1207 Níor dhearmadas riamh an pléisiúr; nuair a smaoiním air,
 gabhann lasair trí m'anam; dá ndearmadfainn é,
 an mbeinn fós beo?

1208 Ní bheidh fearg air dá mhéad uair a smaoiním air;
 onóir is ea é sin a bhronn an grá orm.

1209 Tá mo shaol á chreimeadh ó bheith ag smaoineamh an iomarca
 ar an leannán cruachroíoch a d'fhógair tráth,
 "Ní scarfar choíche sinn."

1210 Go maire tú, a Ré! Fan sa spéir, go bhfeice mé an té
 a d'imigh ach atá fós faoi dhíon m'anama.

அதிகாரம் 122: கனவுநிலை உரைத்தல்

காதலர் தூதொடு வந்த கனவினுக்கு
யாதுசெய் வேன்கொல் விருந்து. 1211

கயலுண்கண் யானிரப்பத் துஞ்சிற் கலந்தார்க்கு
உயலுண்மை சாற்றுவேன் மன். 1212

நனவினால் நல்கா தவரைக் கனவினால்
காண்டலின் உண்டென் உயிர். 1213

கனவினான் உண்டாகும் காமம் நனவினான்
நல்காரை நாடித் தரற்கு. 1214

நனவினால் கண்டதூஉம் ஆங்கே கனவுந்தான்
கண்ட பொழுதே இனிது. 1215

நனவென ஒன்றில்லை ஆயின் கனவினால்
காதலர் நீங்கலர் மன். 1216

நனவினால் நல்காக் கொடியார் கனவினால்
என்எம்மைப் பீழிப் பது. 1217

துஞ்சுங்கால் தோள்மேல ராகி விழிக்குங்கால்
நெஞ்சத்தர் ஆவர் விரைந்து. 1218

நனவினால் நல்காரை நோவர் கனவினால்
காதலர்க் காணா தவர். 1219

நனவினால் நம்நீத்தார் என்பர் கனவினால்
காணார்கொல் இவ்வூ ரவர். 1220

Caibidil 122: **Físeanna oíche**

1211 Cén féasta a leagfaidh mé amach don bhrionglóid
a thug teachtaireacht dom óm' chéadsearc?

1212 Dúnaigí! Codlaígí, a dhá shúil iascúla, impím oraibh,
go n-inse mé mo chuid trioblóidí dom' thiarnasa.

1213 Mairimse toisc go bhfeicimse trí mo shuan
an té nach bhféachann orm is mé i mo dhúiseacht.

1214 Baineann pléisiúr lem' bhrionglóid, mar lorgaímse inti agus
aimsím an té nach dtugann cuairt orm is mé im' dhúiseacht.

1215 Chonac é is mé im' dhúiseacht agus ba thaitneamhach
an radharc é; chonac ar ball im' bhrionglóid é agus bhí sé
chomh taitneamhach céanna.

1216 Mura mbeadh a leithéid de rud ann agus dúiseacht, ní imeodh
uaim an leannán a thug cuairt orm is mé ag taibhreamh.

1217 An duine cruachroíoch nach ndéanfadh gar dom agus mé
i mo dhúiseacht, cránn sé im' thaibhreamh mé:
nach dána an mhaise dó é!

1218 Agus mé i mo chodladh, luíonn a cheann ar mo ghualainn;
dúisím agus seo isteach im' chroí é.

1219 Iad siúd nach bhfuil leannáin acu ina gcuid brionglóidí,
cuireann siad an milleán air siúd nach dtagann chugam is mé
im' dhúiseacht.

1220 Deir mná na háite seo go bhfuilimse tréigthe aige agus mé
im' dhúiseacht; ní fheiceann siadsan é ina dtaibhreamh áfach.

அதிகாரம் 123: பொழுதுகண்டு இரங்கல்

மாலையோ அல்லை மணந்தார் உயிருண்ணும்
வேலைநீ வாழி பொழுது.   1221

புன்கண்ணை வாழி மருள்மாலை எம்கேள்போல்
வன்கண்ண தோநின் துணை.   1222

பனிஅரும்பிப் பைதல்கொள் மாலை துனிஅரும்பித்
துன்பம் வளர வரும்.   1223

காதலர் இல்வழி மாலை கொலைக்களத்து
ஏதிலர் போல வரும்.   1224

காலைக்குச் செய்தநன்று என்கொல் எவன்கொல்யான்
மாலைக்குச் செய்த பகை.   1225

மாலைநோய் செய்தல் மணந்தார் அகலாத
காலை அறிந்தது இலேன்.   1226

காலை அரும்பிப் பகலெல்லாம் போதாகி
மாலை மலரும்இந் நோய்.   1227

அழல்போலும் மாலைக்குத் தூதாகி ஆயன்
குழல்போலும் கொல்லும் படை.   1228

பதிமருண்டு பைதல் உழக்கும் மதிமருண்டு
மாலை படர்தரும் போழ்து.   1229

பொருள்மாலை யாளரை உள்ளி மருள்மாலை
மாயும்என் மாயா உயிர்.   1230

Caibidil 123: **Caoineadh um thráthnóna**

1221 Ní tusa an tráthnóna, ach sleá a ghabhann trí anam na brídeoige;
mo shoraidh slán leat, a thráthnóna!

1222 A thráthnóna dhorcha, fad saoil chugat! Taoi caoch.
An bhfuil do chéilese chomh cruachroíoch lem' chéilese?

1223 An tráthnóna a tháinig le drúcht fionnuar agus scáileanna,
gineann ionam fuath don saol seo, mo chroí lán de smuaintibh.

1224 In éagmais mo ghrása, ionsaíonn an tráthnóna mé
mar cheithearnaigh ar pháirc an áir.

1225 A mhaidin! Níor thuilleas an grásta seo!
A thráthnóna, beidh mé cloíte arís agat!

1226 Sular imigh m'fhear céile uaim,
níor thuigeas an arraing a thagann leis an tráthnóna.

1227 Ar maidin, is bachlóg é galar an ghrá, péacann sé an lá ar fad
agus bláthaíonn um thráthnóna.

1228 Séideann fliúit an aoire, an oíche á fógairt aici—
gabhann tríom le fuinneamh is le faobhar.

1229 Titeann an oíche agus cuirtear mearbhall ar chách,
muintir an bhaile go léir as a meabhair le buairt.

1230 Mé ar strae i ndorchacht na hoíche,
ní mise atá á lorg aige ach maoin an tsaoil.

அதிகாரம் 124: உறுப்புநலன் அழிதல்

சிறுமை நமக்கொழியச் சேட்சென்றார் உள்ளி
நறுமலர் நாணின கண். 1231

நயந்தவர் நல்காமை சொல்லுவ போலும்
பசந்து பனிவாரும் கண். 1232

தணந்தமை சால அறிவிப்ப போலும்
மணந்தநாள் வீங்கிய தோள். 1233

பணைநீங்கிப் பைந்தொடி சோரும் துணைநீங்கித்
தொல்கவின் வாடிய தோள். 1234

கொடியார் கொடுமை உரைக்கும் தொடியொடு
தொல்கவின் வாடிய தோள். 1235

தொடியொடு தோள்நெகிழ நோவல் அவரைக்
கொடியர் எனக்கூறல் நொந்து. 1236

பாடு பெறுதியோ நெஞ்சே கொடியார்க்கென்
வாடுதோள் பூசல் உரைத்து. 1237

முயங்கிய கைகளை ஊக்கப் பசந்தது
பைந்தொடிப் பேதை நுதல். 1238

முயக்கிடைத் தண்வளி போழப் பசப்புற்ற
பேதை பெருமழைக் கண். 1239

கண்ணின் பசப்போ பருவரல் எய்தின்றே
ஒண்ணுதல் செய்தது கண்டு. 1240

Caibidil 124: **Ídiú**

1231 Is deorach iad mo shúile i ndiaidh an té atá imithe i gcéin,
ní fheiceann siad na bláthanna cumhra.

1232 Fianaise ar chruáil an leannáin iad
an dá shúil seo atá smeartha le deora.

1233 Is feoite iad na géaga a bhorr le háthas ar lá ár bpósta,
fógraíonn siad don saol mór gur scartha atáimid.

1234 In éagmais mo leannáin, is cromtha míchumtha iad mo ghuaillí,
sciorrann na bráisléid de mo ghéaga feoite.

1235 Na bráisléid scaoilte agus na guaillí atá tréigthe ag an áilleacht,
insíonn siad scéal an té atá gan chroí.

1236 Is dealg i mbeo dom é nuair a chloisim cruáil á lua leis díreach
toisc gur chaill mo ghuaillí a gcruth agus gur éirigh
mo bhráisléid scaoilte.

1237 Cén ghlóir atá i ndán duit, a anam liom,
má insítear don duine cruálach úd gur sleabhcán anois mé?

1238 Nuair a scaoileas den ghreim grámhar a bhí agam air,
d'iompaigh an lí ar chlár éadain na hainnire faoina seodra óir.

1239 Nuair a ghabh puth anála eadrainn,
líon súile na hainnire le buairt.

1240 Cad a líon na súile aici le buairt?
An spléachadh a fuair sí ar an gclár éadain geal úd?

அதிகாரம் 125: நெஞ்சொடு கிளத்தல்

நினைத்தொன்று சொல்லாயோ நெஞ்சே எனைத்தொன்றும்
எவ்வநோய் தீர்க்கும் மருந்து.   1241

காதல் அவரில ராகநீ நோவது
பேதைமை வாழியென் நெஞ்சு.   1242

இருந்துள்ளி என்பரிதல் நெஞ்சே பரிந்துள்ளல்
பைதல்நோய் செய்தார்கண் இல்.   1243

கண்ணும் கொளச்சேறி நெஞ்சே இவையென்னைத்
தின்னும் அவர்க்காண லுற்று.   1244

செற்றார் எனக்கை விடல்உண்டோ நெஞ்சேயாம்
உற்றால் உறாஅ தவர்.   1245

கலந்துணர்த்தும் காதலர்க் கண்டால் புலந்துணராய்
பொய்க்காய்வு காய்திஎன் நெஞ்சு.   1246

காமம் விடுஒன்றோ நாண்விடு நன்னெஞ்சே
யானோ பொறேன்இவ் விரண்டு.   1247

பரிந்தவர் நல்காரென்று ஏங்கிப் பிரிந்தவர்
பின்செல்வாய் பேதைஎன் நெஞ்சு.   1248

உள்ளத்தார் காத லவராக உள்ளிநீ
யாருழைச் சேறிஎன் நெஞ்சு.   1249

துன்னாத் துறந்தாரை நெஞ்சத்து உடையேமா
இன்னும் இழத்தும் கவின்.   1250

264

Caibidil 125: **Caint aonair**

1241 A anam liom, déan do mhachnamh is abair liom cén leigheas
atá ar an ngalar seo.

1242 Go maire tú, a anam liom! Níl grá aige duit;
nach amaideach go mbeifeá ag fulaingt mar gheall air?

1243 A chroí liom, cad is fiú duit a bheith i do shuí anseo,
lán de bhuairt, nuair nach tusa a líonann le tnúth níos mó é?

1244 A chroí liom, faigh réidh le radharc mo shúl nó alpfaidh
mo shúile mé—tá siad ag tnúth chomh mór sin lena fheiceáil.

1245 Ó, a anam liom, an féidir é a thréigean, an té a dtugaim grá dó
ach nach dtugann grá ar ais dom is ar fuath leis anois mé?

1246 A anam liom, cén bonn atá le do mhíthaitneamh
nuair a shamhlaíonn tú barróg uaidh?

1247 A anam liom, éirigh as an dúil nó as an onóir;
nílimse in ann ceachtar acu a fhulaingt.

1248 A anam liom, lán de bhaois atá tú! Ag rith i ndiaidh
d'iar-leannáin is ag éamh: "Trua ná grá níl aige dom!"

1249 A chroí ionam! Ionatsa atá do leannán;
cé atá á lorg agat amuigh ansin sa saol mór?

1250 Má ligim dó cur faoi i mo chroíse, an té a d'imigh is a d'fhág
an-uaigneach mé, caillfeadsa pé áilleacht atá fágtha áit éigin
ionam féin.

அதிகாரம் 126: **நிறையழிதல்**

காமக் கணிச்சி உடைக்கும் நிறையென்னும் நாணுத்தாழ் வீழ்த்த கதவு.	1251
காமம் எனவொன்றோ கண்ணின்றென் நெஞ்சத்தை யாமத்தும் ஆளும் தொழில்.	1252
மறைப்பேன்மன் காமத்தை யானோ குறிப்பின்றித் தும்மல்போல் தோன்றி விடும்.	1253
நிறையுடையேன் என்பேன்மன் யானோஎன் காமம் மறையிறந்து மன்று படும்.	1254
செற்றார்பின் செல்லாப் பெருந்தகைமை காமநோய் உற்றார் அறிவதொன்று அன்று.	1255
செற்றவர் பின்சேறல் வேண்டி அளித்தரோ எற்றென்னை உற்ற துயர்.	1256
நாணென ஒன்றோ அறியலம் காமத்தால் பேணியார் பெட்ப செயின்.	1257
பன்மாயக் கள்வன் பணிமொழி அன்றோநம் பெண்மை உடைக்கும் படை.	1258
புலப்பல் எனச்சென்றேன் புல்லினேன் நெஞ்சம் கலத்தல் உறுவது கண்டு.	1259
நிணந்தீயில் இட்டன்ன நெஞ்சினார்க்கு உண்டோ புணர்ந்தூடி நிற்பேம் எனல்.	1260

Caibidil 126: **Coimhthíos a shárú**

1251 D'fhéadfadh tua na mianta doras na geanmnaíochta a bhriseadh,
doras atá faoi ghlas ag bolta na modhúlachta.

1252 I lár na hoíche, fiú, ciapann mo chuid mianta mé is ní thugtar
scíth do m'anam.

1253 Cheilfinn mo mhianta dá bhféadfainn ach ní ghéilleann siad
do mo thoilse is briseann amach mar shraoth.

1254 Deirim liom féin a bheith diongbháilte ach, faraor, briseann
mo mhianta trí chaille na modhúlachta is feictear
os comhair an tsaoil iad.

1255 An dínit sin a choiscfeadh ort rith i ndiaidh an leannáin
a chuaigh ar fán, ní dínit í a thuigeann an té a bhfuil
galar an ghrá uirthi.

1256 An bhuairt a bhraitheas agus mé sa tóir ar an leannán
a d'imigh uaim, cén tairbhe d'éinne í?

1257 Náire dá laghad ní bheadh orm dá bhfreagródh sé don ghrá
atá im' chroíse dó le grá.

1258 Briathra meallacacha an rógaire-leannáin an t-arm atá aige
chun diongbháilteacht mo bhanúlachta a shárú.

1259 "Ní thabharfaidh mé aon aird air," a deirim liom féin
go stuacach;
aithreachas orm láithreach nuair a bheireann sé barróg orm.

1260 Nuair a leánn dhá chroí ina chéile mar gheir sa tine,
conas is féidir dóibh a bheith stuacach ar feadh i bhfad?

அதிகாரம் 127: அவர்வயின் விதும்பல்

வாளற்றுப் புற்கென்ற கண்ணும் அவர்சென்ற
நாளொற்றித் தேய்ந்த விரல்.   1261

இலங்கிழாய் இன்று மறப்பின்என் தோள்மேல்
கலங்கழியும் காரிகை நீத்து.   1262

உரன்நசைஇ உள்ளம் துணையாகச் சென்றார்
வரல்நசைஇ இன்னும் உளேன்.   1263

கூடிய காமம் பிரிந்தார் வரவுள்ளிக்
கோடுகொ டேறும்என் நெஞ்சு.   1264

காண்கமன் கொண்கனைக் கண்ணாரக் கண்டபின்
நீங்கும்என் மென்தோள் பசப்பு.   1265

வருகமன் கொண்கன் ஒருநாள் பருகுவன்
பைதல்நோய் எல்லாம் கெட.   1266

புலப்பேன்கொல் புல்லுவேன் கொல்லோ கலப்பேன்கொல்
கண்அன்ன கேளிர் வரின்.   1267

வினைகலந்து வென்றீக வேந்தன் மனைகலந்து
மாலை அயர்கம் விருந்து.   1268

ஒருநாள் எழுநாள்போல் செல்லும்சேட் சென்றார்
வருநாள்வைத்து ஏங்கு பவர்க்கு.   1269

பெறின்என்னாம் பெற்றக்கால் என்னாம் உறின்என்னாம்
உள்ளம் உடைந்துக்கக் கால்.   1270

Caibidil 127: **Dúil ina chéile**

1261 Tá mo mhéar creimthe ó bheith ag scríobadh líon na laethanta
ó d'imigh sé ar an mballa;
níl loinnir níos mó i mo shúile, tá ag teip ar mo radharc.

1262 A mhaighdean na seod geal, má dhéanann tú dearmad inniu air,
caillfidh do ghuaillí a gcuar agus, fiú sa chéad saol eile,
sciorrfaidh na bráisléid de do ghéaga.

1263 Is beo dom mar go santaím a chomhluadar—
aghaidh an ghaiscígh sin!

1264 Táim saor ó bhuairt nuair a smaoiním go lúcháireach
ar mo ghrása ag filleadh orm agus gean ina chroí dom.

1265 Má bhreathnaím air chun mo shástachta, ní fada ansin
go bhfillfidh mo chló ceart orm.

1266 Go bhfille mo chéile orm lá breá éigin;
bainfidh mé sult as ansin a scriosfaidh an arraing seo.

1267 Nuair a fhillfidh mo chéile orm, ar luachmhaire ná mo dhá shúil
féin é, an mbeidh spuaic orm nó an gclúdód le mil é,
nó an dá rud in éineacht?

1268 Troideadh an rí go buach; is mian liomsa a bheith i dteannta
mo chéile agus féasta tráthnóna a chaitheamh léi.

1269 Fad seacht lá atá in aon lá amháin don té atá ag súil le filleadh
an leannáin ón gcoigríoch.

1270 Cén mhaith dom filleadh uirthi siúd
atá ina luí marbh de bhriseadh croí?

அதிகாரம் 128: குறிப்பறிவுறுத்தல்

கரப்பினுங் கையிகந் தொல்லாநின் உண்கண்	
உரைக்க லுறுவதொன்று உண்டு.	1271
கண்நிறைந்த காரிகைக் காம்பேர்தோட் பேதைக்குப்	
பெண்நிறைந்த நீர்மை பெரிது.	1272
மணியில் திகழ்தரு நூல்போல் மடந்தை	
அணியில் திகழ்வதொன்று உண்டு.	1273
முகைமொக்குள் உள்ளது நாற்றம்போல் பேதை	
நகைமொக்குள் உள்ளதொன்று உண்டு.	1274
செறிதொடி செய்திறந்த கள்ளம் உறுதுயர்	
தீர்க்கும் மருந்தொன்று உடைத்து.	1275
பெரிதாற்றிப் பெட்பக் கலத்தல் அரிதாற்றி	
அன்பின்மை சூழ்வது உடைத்து.	1276
தண்ணந் துறைவன் தணந்தமை நம்மினும்	
முன்னம் உணர்ந்த வளை.	1277
நெருநற்றுச் சென்றார்எம் காதலர் யாமும்	
எழுநாளேம் மேனி பசந்து.	1278
தொடிநோக்கி மென்தோளும் நோக்கி அடிநோக்கி	
அஃதாண்டு அவள்செய் தது.	1279
பெண்ணினால் பெண்மை உடைத்தென்ப கண்ணினால்	
காமநோய் சொல்லி இரவு.	1280

Caibidil 128: **Na comharthaí a léamh**

1271 Ceileann tú do chroí,
 ach sceitheann do shúile maisithe ort mar sin féin.

1272 An mhaighdean shéimh! Líonann a háilleacht mo shúil,
 a guaillí ar nós an bhambú.

1273 Áilleacht na mná seo nach féidir a chur i bhfocail:
 an téad a cheanglaíonn coirníní criostail.

1274 Meangadh séimh na maighdine,
 mar chumhracht sa bhachlóg nár oscail fós.

1275 Siúlann sí uaim, bean na mbráisléad docht ar leigheas
 ar mo bhrón í.

1276 An bharróg a líonann le sólás is lúcháir mé,
 leigheas ar bhuairt an lae inné é agus ar an easpa grá.

1277 Tiarna na trá fionnuaire seo,
 d'inis mo chuid bráisléad dom conas a mhothóinn
 dá mbeinn scartha leis.

1278 D'fhág mo leannán mé; inné, nárbh ea?
 Le seachtain anuas tá cuma mhílítheach orm.

1279 D'fhéach sí ar a géaga míne, ar na bráisléid a sciorr díobh;
 d'fhéach sí ar a guaillí is ar a cosa; d'fhéach is d'fhéach.

1280 Galar an ghrá á chur in iúl ag na súile, faoiseamh á lorg aici,
 sin é cás na mná uaigní.

அதிகாரம் 129: புணர்ச்சி விதும்பல்

உள்ளக் களித்தலும் காண மகிழ்தலும்
கள்ளுக்கில் காமத்திற்கு உண்டு.   1281

தினைத்துணையும் ஊடாமை வேண்டும் பனைத்துணையும்
காமம் நிறைய வரின்.   1282

பேணாது பெட்பவே செய்யினும் கொங்கனைக்
காணாது அமையல கண்.   1283

ஊடற்கண் சென்றேன்மன் தோழி அதுமறந்து
கூடற்கண் சென்றதுஎன் நெஞ்சு.   1284

எழுதுங்கால் கோல்காணாக் கண்ணேபோல் கொங்கன்
பழிகாணேன் கண்ட விடத்து.   1285

காணுங்கால் காணேன் தவறாய காணாக்கால்
காணேன் தவறல் லவை.   1286

உய்த்தல் அறிந்து புனல்பாய் பவரேபோல்
பொய்த்தல் அறிந்தென் புலந்து.   1287

இளித்தக்க இன்னா செயினும் களித்தார்க்குக்
கள்ளற்றே கள்வநின் மார்பு.   1288

மலரினும் மெல்லிது காமம் சிலர்அதன்
செவ்வி தலைப்படு வார்.   1289

கண்ணின் துனித்தே கலங்கினாள் புல்லுதல்
என்னினும் தான்விதுப் புற்று.   1290

Caibidil 129: **Dúil sa teacht le chéile arís**

1281   Is leor an smaoineamh, is leor radharc a fháil air—
       ní fíon atáim á rá ach smaoineamh ar an ngrá.

1282   Nuair a bhorrann an grá, chomh hard leis an gcrann pailme,
       ní bhíonn oiread is brobh féir d'amhras fágtha.

1283   Bíodh is nach domsa a ghéilleann siad ach do m'fhear céile,
       fós féin ní bheidh na súile seo sásta go bhfeicfidh siad é.

1284   A chara! Bhíos chun ligean orm go raibh spuaic orm,
       ach chuaigh mo mheabhair ar strae agus bhíos réidh
       chun barróg a fháil uaidh.

1285   Ní fheiceann an tsúil an phionsail atá á péinteáil;
       nuair a bhreathnaímse ar mo chéile fir, ní fheicimse aon locht air.

1286   Nuair a fheicimse mo chéile, ní fheicim aon locht ann
       ach nuair nach bhfeicim é, is lochtanna ar fad a fheicim.

1287   Mar dhuine a léimfeadh san abhainn agus a fhios aige
       go scuabfar chun siúil é,
       cad is fiú don bhean ligean uirthi spuaic a bheith uirthi
       nuair nach mairfidh sé sin i bhfad?

1288   A alfraits! Tá do thaobh geal mar bhiotáille i súile an phótaire,
       is gan de thoradh ar a dhúil ann ach náire.

1289   Mar pheitil shéimhe ag oscailt é an grá,
       mistéir nach dtuigeann a lán.

1290   Bhí faghairt ina súil ach ba léir ón mbarróg
       gur shantaigh sí mé níos mó agus níos mó.

அதிகாரம் 130: நெஞ்சொடு புலத்தல்

அவர்நெஞ்சு அவர்க்காதல் கண்டும் எவன்நெஞ்சே
நீமக்கு ஆகா தது.   1291

உறாஅ தவர்க்கண்ட கண்ணும் அவரைச்
செறாஅரெனச் சேறியென் நெஞ்சு.   1292

கெட்டார்க்கு நட்டார்இல் என்பதோ நெஞ்சேநீ
பெட்டாங்கு அவர்பின் செலல்.   1293

இனிஅன்ன நின்னொடு சூழ்வார்யார் நெஞ்சே
துனிசெய்து துவ்வாய்காண் மற்று.   1294

பெறாஅமை அஞ்சும் பெறின்பிரிவு அஞ்சும்
அறாஅ இடும்பைத்தென் நெஞ்சு.   1295

தனியே இருந்து நினைத்தக்கால் என்னைத்
தினிய இருந்ததுஎன் நெஞ்சு.   1296

நாணும் மறந்தேன் அவர்மறக் கல்லாஎன்
மாணா மடநெஞ்சிற் பட்டு.   1297

எள்ளின் இளிவாம்என்று எண்ணி அவர்திறம்
உள்ளும் உயிர்க்காதல் நெஞ்சு.   1298

துன்பத்திற்கு யாரே துணையாவார் தாமுடைய
நெஞ்சம் துணையல் வழி.   1299

தஞ்சம் தமரல்லர் ஏதிலார் தாமுடைய
நெஞ்சம் தமரல் வழி.   1300

Caibidil 130: **Féincháineadh**

1291 A anam liom! Tá feicthe agat faoi mar a sheas a anam leis;
cén fáth nach seasann tusa liomsa?

1292 Is léir, a chroí istigh ionam, gur strainséir anois é;
cad a thabharfadh ort triall faoina dhéin is brú ar an doicheall?

1293 A anam liom! An bhfuil tú á leanúint mar gur dóigh leat
nach bhfuil cairde ar bith ag an té atá cloíte treascartha caite
ar thaobh an bhóthair?

1294 A anam liom! Stuaic ort i dtosach agus ansin, géilleadh dó;
cé a chuirfidh comhairle feasta ort?

1295 Bíonn m'anam faoi sceimhle ina éagmais;
bíonn sceimhle orm fairis; is fulaingt ó lá go lá é.

1296 Alpann m'aigne mé
nuair a smaoiním air is mé liom féin.

1297 Táim gan náire;
nílim in ann é a chur as m'aigne, monuar.

1298 Cloíonn m'anamsa leis an mbeatha;
nach mbeadh sé scannalach dá mbeadh fuath anois agam dó!

1299 Cé a thiocfadh i gcabhair orm nuair nach dtarrthálfainnse
mé féin?

1300 Ní fhéadfadh strainséirí ligean orthu gur gaolta iad,
nuair is strainséir é d'anam féin.

அதிகாரம் 131: **புலவி**

புல்லா திராஅப் புலத்தை அவர்உறும் அல்லல்நோய் காண்கம் சிறிது.	1301
உப்பமைந் தற்றால் புலவி அதுசிறிது மிக்கற்றால் நீள விடல்.	1302
அலந்தாரை அல்லல்நோய் செய்தற்றால் தம்மைப் புலந்தாரைப் புல்லா விடல்.	1303
ஊடி யவரை உணராமை வாடிய வள்ளி முதலரிந் தற்று.	1304
நலத்தகை நல்லவர்க்கு ஏஎர் புலத்தகை பூஅன்ன கண்ணார் அகத்து.	1305
துனியும் புலவியும் இல்லாயின் காமம் கனியும் கருக்காயும் அற்று.	1306
ஊடலின் உண்டாங்கோர் துன்பம் புணர்வது நீடுவ தன்றுகொல் என்று.	1307
நோதல் எவன்மற்று நொந்தாரென்று அஃதறியும் காதலர் இல்லா வழி.	1308
நீரும் நிழலது இனிதே புலவியும் வீழுநர் கண்ணே இனிது.	1309
ஊடல் உணங்க விடுவாரோடு என்நெஞ்சம் கூடுவேம் என்பது அவா.	1310

Caibidil 131: **Pus a chur ort féin**

1301 Breathnaigh go fuarchúiseach air agus é ag fulaingt;
lig ort nach maith leat níos mó é agus seachain a bharróg.

1302 Is geall le gráinnín salainn i mbia é an coimhthíos
ach, má théitear thar fóir leis, loitfear blas an bhia.

1303 An fear a sheachnaíonn an té a ligeann uirthi spuaic
a bheith uirthi, is céasadh an duine chéasta a bhraitheann sé.

1304 Gan teacht ar ghrá an réitigh, is ionann sin
agus fréamh an phlanda chromtha a stoitheadh.

1305 An dea-fhear céile, is geal leis cúthail a chéile ar peitil shéimhe
iad a dhá súil.

1306 Toradh aibí atá sa ghrá gan fuath;
toradh neamhaibí an teannas gearr eadraibh.

1307 Fiú nuair is teannas bréige atá eadraibh,
is fada an t-achar é gan luí le do chéile.

1308 Cad is fiú a bheith buartha gan céile a bheith agam
a thuigfeadh fáth mo bhuartha?

1309 Ar nós uisce a bhlaiseadh faoi scáil na gcrann,
ní bhíonn blas ar an teannas ach amháin nuair is idir leannáin é.

1310 A cuid mianta, sin uile, a chomáineann im' threosa í,
nuair d'fhéadfainn í a fhágáil sa riocht ina bhfuil sí.

அதிகாரம் 132: புலவி நுணுக்கம்

பெண்ணியலார் எல்லாரும் கண்ணின் பொதுஉண்பர்
நண்ணேன் பரத்தநின் மார்பு.   1311

ஊடி யிருந்தேமாத் தும்மினார் யாம்தம்மை
நீடுவாழ் கென்பாக்கு அறிந்து.   1312

கோட்டுப்பூச் சூடினும் காயும் ஒருத்தியைக்
காட்டிய சூடினீர் என்று.   1313

யாரினும் காதலம் என்றேனா ஊடினாள்
யாரினும் யாரினும் என்று.   1314

இம்மைப் பிறப்பில் பிரியலம் என்றேனாக்
கண்நிறை நீர்கொண் டனள்.   1315

உள்ளினேன் என்றேன்மற் றென்மறந்தீர் என்றென்னைப்
புல்லாள் புலத்தக் கனள்.   1316

வழுத்தினாள் தும்மினேன் ஆக அழித்தழுதாள்
யாருள்ளித் தும்மினீர் என்று.   1317

தும்முச் செறுப்ப அழுதாள் நுமர்உள்ளல்
எம்மை மறைத்திரோ என்று.   1318

தன்னை உணர்த்தினும் காயும் பிறர்க்கும்நீர்
இந்நீரர் ஆகுதிர் என்று.   1319

நினைத்திருந்து நோக்கினும் காயும் அனைத்துநீர்
யாருள்ளி நோக்கினீர் என்று.   1320

Caibidil 132: **Fearg a ligean ort féin**

1311 Tugtha do striapacha atá tú—Diarmuid na mBan, dar leat féin.
   Ní luífidh mise leat.

1312 Leanas orm ag ligean orm go rabhas i bhfeirg leis; lig sé sraoth.
   An ag súil le "Dia linn!" a bhí sé?

1313 Dá maiseoinn mo chlár éadain le bláthanna,
   déarfadh sise gur do bhean eile é.

1314 "Is gile liom thú thar mhná uile na tíre," arsa mise.
   "Mná uile na tíre!" ar sise go searbhasach.

1315 "Ní scarfainn leat ar ór na cruinne!" ar mé agus chuir an briathar
   "scar" ag gol go faíoch í.

1316 "Níl lá nach mbím ag smaoineamh ort uair éigin!"
   Níor leor sin—gan smaoineamh uirthi an lá ar fad!
   Pus uirthi arís!

1317 "Dia linn!" ar sí nuair a ligeas sraoth, is ansin,
   "Cén bhean a chuir ag sraothartach thú?"

1318 Choisceas an chéad sraoth eile; chaoin sí (an bhean nach féidir
   a shásamh) is ar sí:
   "Ag iarraidh do chuid smaointe a cheilt orm atá tú, an ea?"

1319 Thugas faoina suaimhniú ach bhí sé fuar agam a bheith léi:
   "Is mar sin a bhíonn tú le mná eile, an ea?"

1320 Fiú agus mé ag baint aoibhnis as a háilleacht, ar sise
   go míchéadfach: "An ag smaoineamh ar bhean eile atá tú?"

அதிகாரம் 133: ஊடலுவகை

இல்லை தவறவர்க்கு ஆயினும் ஊடுதல்
வல்லது அவர்அளிக்கு மாறு. 1321

ஊடலின் தோன்றும் சிறுதுனி நல்லளி
வாடினும் பாடு பெறும். 1322

புலத்தலின் புத்தேள்நாடு உண்டோ நிலத்தொடு
நீரியைந் தன்னார் அகத்து. 1323

புல்லி விடாஅப் புலவியுள் தோன்றுமென்
உள்ளம் உடைக்கும் படை. 1324

தவறிலர் ஆயினும் தாம்வீழ்வார் மென்றோள்
அகறலின் ஆங்கொன் றுடைத்து. 1325

உணலினும் உண்டது அறல்இனிது காமம்
புணர்தலின் ஊடல் இனிது. 1326

ஊடலில் தோற்றவர் வென்றார் அதுமன்னும்
கூடலில் காணப் படும். 1327

ஊடிப் பெறுகுவங் கொல்லோ நுதல்வெயர்ப்பக்
கூடலில் தோன்றிய உப்பு. 1328

ஊடுக மன்னோ ஒளியிழை யாம்இரப்ப
நீடுக மன்னோ இரா. 1329

ஊடுதல் காமத்திற்கு இன்பம் அதற்கின்பம்
கூடி முயங்கப் பெறின். 1330

திருக்குறள் முற்றிற்று

Caibidil 133: **Bheith thíos seal thuas seal, nach deas!**

1321 Fear gan cháim é m'fhear céilese ach nuair a bheireann sé
 barróg orm tagann taom éada orm.

1322 Ní chuireann m'fhearg bhréige isteach mórán air;
 thíos seal is thuas arís, mo ghraidhin é!

1323 Cá bhfaighfí pléisiúr níos fearr ná an coimhthíos sin
 a ghéilleann—mar a ghéilleann an chré d'uisce na spéire?

1324 Coimhthíos i ndiaidh barróige,
 an chloch sa mhuinchille a bhriseann an croí.

1325 An fear gan cháim féin, braitheann sé sásamh éigin as
 gan a bheith in ann breith ar ghuaillí míne an leannáin.

1326 Is milse i bhfad an bia atá ite agat a dhíleá ná tosú ag ithe arís;
 ar an dul céanna, is milse an coimhthíos bréige
 ná do ghrá geal a bheith sínte le do thaobh.

1327 Má bhíonn imreas ann idir leannáin, is é an buaiteoir
 ná an té is túisce a ghéilleann, rud a chruthaíonn an bharróg
 i ndeireadh a lae.

1328 An dtiocfaidh an grá go deo, an grá sin a chuireann péarlaí allais
 ar a clár éadain tríd an gcoimhthíos seo?

1329 Guímse fad ar an gcoimhthíos seo chun deis a thabhairt dom
 an tseoidbhean a mhealladh roimh dheireadh na hoíche.

1330 Méadú ar an ngrá é an coimhthíos;
 mar bharr ar an bpléisiúr, a brollach teann le m'ucht.

A CHRÍOCH

வாழ்த்துரை

அயர்லாந்து தமிழ்க் கல்விக்கழகம் உயர்தனிச் செம்மொழியாம் தமிழ் மொழியின் மொழி வளம், வாழ்வியல் நெறிமுறைகள், பண்பாட்டு விழுமியங்களை அடுத்த தலைமுறைக்குத் தாய்மொழித் தமிழ்க் கல்வி மூலம் கொண்டு சேர்க்கும் உன்னதப் பணியில் ஈடுபட்டுள்ள தன்னார்வ அமைப்பாகும். வாழ்வியல் நெறிமுறைகளை வகுத்துக் கொடுத்த திருவள்ளுவரின் திருக்குறளை ஐரிஷ் மொழியில் மொழிபெயர்க்கும் பணியைச் சிறப்புடன் செய்திட்ட ஐரிய மொழிக்கவிஞர் கேப்ரியல் ரோசன்ஸ்டாக், டெரினிட்டி கல்லூரியின் மொழித்துறை பேராசிரியர் முனைவர் ஒன் மெக்கார்த்தி மற்றும் இந்த நூலைச் சிறப்பாக வடிவமைத்த திரு மைக்கேல் எவர்டைப் பதிப்பகத்திற்கும் உளமார நன்றியைத் தெரிவித்துக் கொள்கிறோம். தமிழ் மொழியின் பழம்பெரும் இலக்கியங்களை ஐரிஷ் மொழியில் மொழி பெயர்க்கும் பணியில் தொடர்ந்து அயர்லாந்து தமிழ்க் கல்விக்கழகம் செயல்படும் என உறுதி அளிக்கிறோம்.

அயர்லாந்து தமிழ்க் கல்விக்கழக நிருவாகக்குழு
இராசகுமார் சம்பந்தம், சேதுராமன் கன்னையன்,
சாய் சங்கர் சண்முகவேலு, ஜான் ஆரோக்ய ரிச்சர்ட்,
சரவணன் இராமமூர்த்தி, இராஜேஷ் பெரியகருப்பன்,
ஜெயபிரபா சேரலாதன், பரணீதரன் கமலராஜன்,
முத்துராம்பிரகாஷ் தங்கவேல்சாமி, குறள் இனியன் சிவஞானம்

Focal buíochais

Eagraíocht neamhbhrabúis is ea Acadamh Tamailise Éireann a bhfuil sé mar aidhm aici saibhreas teanga, eiticí maireachtála, agus luachanna cultúrtha na Tamailise clasaicí a thabhairt don chéad ghlúin eile trí oideachas trí mheán na máthairtheanga. Is mór an pléisiúr dúinn é buíochas a ghabháil leis an bhfile Gaeilge Gabriel Rosenstock, leis an Dr Eoin Mac Cárthaigh (Coláiste na Tríonóide), agus leis an bhfoilsitheoir Michael Everson (Evertype) as cabhrú linn ár n-aisling a fhíorú. Déanfaimid ár seacht ndícheall le cinntiú go gcuirfear tuilleadh de litríocht na Tamailise ar fáil as Gaeilge.

Foireann bainistíochta Acadamh Tamailise Éireann

Rajakumar Sambandam, Sethuraman Kannaiyan,
Sai Shankar Shanmugavelu, John Arockia Richard,
Saravanan Ramamoorthy, Rajesh Periyakaruppan,
Jayaprabha Seralathan, Paraneetharan Kamalarajan,
Muthuramprakash Thangavelsami, Kuraliniyan Sivagnanam

A Note of Appreciation

Ireland Tamil Academy is a non-profit voluntary organization which is engaged in the noble task of inculcating the linguistic richness, life ethics, and cultural values of the classical Tamil language to the next generation through mother-tongue Tamil education. We take immense pleasure in expressing our gratitude to Irish poet Gabriel Rosenstock, to Professor Eoin Mac Cárthaigh of Trinity College Dublin, and to Michael Everson of Evertype for bringing this dream project to fruition. We promise that the Ireland Tamil Academy will continue to work on translating the legendary literature of the Tamil language into Irish.

Management team members of Ireland Tamil Academy

Rajakumar Sambandam, Sethuraman Kannaiyan,
Sai Shankar Shanmugavelu, John Arockia Richard,
Saravanan Ramamoorthy, Rajesh Periyakaruppan,
Jayaprabha Seralathan, Paraneetharan Kamalarajan,
Muthuramprakash Thangavelsami, Kuraliniyan Sivagnanam

www.ingramcontent.com/pod-product-compliance
Lightning Source LLC
Chambersburg PA
CBHW031559110426
42742CB00036B/250